图书在版编目(CIP)数据

语篇语言学概论/ 史铁强，安利著. — 北京：外语教学与研究出版社，2012.12
ISBN 978-7-5600-8545-6

Ⅰ. ①语… Ⅱ. ①史… ②安… Ⅲ. ①语言学—概论 Ⅳ. ①H0

中国版本图书馆 CIP 数据核字（2012）第 318702 号

悠游网—外语学习 一网打尽
www.2u4u.com.cn
阅读、视听、测试、交流、共享
提供海量电子文档、视频、MP3、手机应用下载！

出 版 人：蔡剑峰
责任编辑：周小成
封面设计：孙敬沂
出版发行：外语教学与研究出版社
社　　址：北京市西三环北路 19 号（100089）
网　　址：http://www.fltrp.com
印　　刷：紫恒印装有限公司
开　　本：650×980　1/16
印　　张：16
版　　次：2012 年 12 月第 1 版　2012 年 12 月第 1 次印刷
书　　号：ISBN 978-7-5600-8545-6
定　　价：39.90 元
　　*　　*　　*
购书咨询：(010)88819929　　电子邮箱：club@fltrp.com
如有印刷、装订质量问题，请与出版社联系
联系电话：(010)61207896　　电子邮箱：zhijian@fltrp.com
制售盗版必究 举报查实奖励
版权保护办公室举报电话：(010)88817519
物料号：185450001

前　言

　　近年来，语篇（текст）研究方兴未艾。语言学的研究对象早已超越了音、词、句，提升到语篇的层面。越来越多的目光转向句组、超句统一体，直至全文。研究证明，语篇建构确有其特性，与句子的属性有很大的差别。

　　本书的任务就是尝试揭示语篇的基本建构规则。我们借鉴俄罗斯语篇研究成果，吸收中国传统文章学和修辞学的布局谋篇思想，探讨语篇的微观组织和宏观布局问题。

　　本书的结构依语篇的层级展开，由小到大依次为：句子、句组、超句统一体、全文。语篇中的句子分析，不再以句子成分为核心，而更加关注词在句中的排列顺序。具体语境中的句子，每个词的位置都有其理据。我们在分析中注意语言的民族差异，以及作为外语学习者在运用语言时应注意的词序问题。

　　语篇语言学的任务还要搞清楚句子与句子之间的衔接规律，这是语篇分析的第二个层次。两个或更多的句子组成句组，句组中成分之间存在着语义和形式上的联系。划分意义类型有助于搞清楚句子之间的逻辑联系，便于进行语篇分析和说出合乎情理的连贯话语。语篇要表达一系列的事件、事实、行为，而事件之间存在着某种联系，这些联系要用语言手段表达出来。对于句际衔接手段的研究，国内外成果已很丰硕，因此本书较少涉及。我们设定的任务主要是探寻制约各种手段使用的因素以及不同语言的对比。

超句统一体是语篇中大于段落的语义结构单位，是语篇分析的第三个层次。超句统一体有其结构特点。对于超句统一体的研究有助于理清语篇作者的思路和事件发展的脉络，搞清言语类型的组织规律和话题转换的规律。人们讲话从一个话题转入另一个话题，从一个情节过渡到另一个情节，这些都是有规律可循的。它的外部标志是段落和章节的划分，实质上体现了说话人的言语思路。这个层面的分析将把超句统一体与段落、章节适当加以比较。

作为语篇最高层次的全文，往往被研究者忽略。在我国影响颇大的系统功能语法对语篇的分析，也从不单独分析这个层次。而实际上语篇的核心属性集中表现在全文层面，如情态性、思想理念信息等都是针对全文而言。构成语篇的句子和超句统一体的属性，不等于语篇的整体属性，只有宏观把握全文，才能洞察作者的创作意图和思想情感，才能透视语篇的结构和布局。全文是把握语篇本体属性的核心，该层面的分析可以较全面地揭示语篇的特征性范畴。在全文研究的基础上，本书重点分析了信息性、主观情态性、回眸与前瞻、语义独立片段、谋篇与修改等语篇宏观问题。

信息性是语篇的第一属性，因为人们建构语篇，不是为了使用词语和句子，而是为了表达思想。语篇的内容千差万别，有一个共同的特征，就是都含有信息。但是信息的类别和性质有差异。有的信息讲述一件事情或解释一个现象，其内容全部浮在文字表面。有的信息表达作者对社会和人的理解与看法，但这个思想并不直接表露出来，而是深藏在内容事实信息的背后，这种信息需要读者自己挖掘和自己体会，从字里行间把它抽象出来。有的信息是读者阅读过程的伴随产物，它隐含在表面信息的背后，是它的潜台词，或者由表面信息引出，延伸到读者无限的遐想之中。深藏不露的信息由于没有直接的词语表现形式，初次或快速阅读时可能被忽略,应特别引起注意。

情态性原本是语义的一个范畴,表达说话人对所陈述事物的有效程度所持的主观态度。语篇情态性讨论的不是命题的真值评价问题,而是语篇作者如何在看似客观的陈述背后表达自己的主观态度和立场,如何把自己的情感和意志作用于读者或听众,怎样调动语篇接受者与自己在情感上产生共鸣等问题。语篇既可以借助于语言体系内的词汇、语法、语调、修辞手段表达情态意义,同时更可以发挥自己的优势来充分地表达作者的情感,这个优势就是语篇的广大空间,是句子所不具有的。

语篇的回眸表示当前的话语引导读者回顾读过的内容,它的特征是时间前移。在语篇的叙事中,通常有一个主线推进情节发展。但是语篇并非总是线形展开,叙述中时而加入描写或议论,正叙中时而有倒叙,各种旁枝末节让主题推进暂停下来,回眸帮助读者记起前面的情节,使话语连贯起来。回眸不仅起着语篇连贯的作用,还是表现思想理念信息的重要手段。它通过重复的表述,把读者的注意力集中在某些容易被忽略的事件上,而这些细节往往是至关重要的。当前面出现的信息在经过一段时间的沉淀后被再次提及时,读者必然要在新条件下重新审视已有信息,把回眸前后的信息加以对比,这样更会加深对信息的理解,从记忆中重新被唤起的内容就由次要信息跃升为主要信息。

语篇中有一种独立成分,叫做语义独立片段,指一段话语对于全文或其部分来讲具有相对的语义自主性。这种片段大小不一,小的仅为一个句子,大到整个章节,介于两者之间的是超句统一体或段落。不论长度如何,它们共同的特点是偏离叙事主线,引出一段独立的话语。小说《三国演义》和《安娜·卡列尼娜》都是以这样的独立片段开篇:"话说天下大势,分久必合,合久必分"不是故事的开始,而只是一段导入语,真正的叙事从第二段"周末七国纷争,并入于秦……"开始。《安娜·卡列尼娜》的开篇语"幸福的家庭都是相似的,不幸的家庭各有各的不幸"也是先从哲学高度概括人生和社会,然后才转入叙事正文。这些话语之所以称为独立片段，是因为它们在语篇中具有相对的独立性，它们多为普适性话语，穿插在故事中间，用高度概括或富含哲理的语言点明主题，帮助读者理解语篇的思想理念信息。

语篇是一个语义单位，它表达完整的思想和内容。语篇分析首先是从语义角度进行的。文章作者为何讲这个内容而不是其他，为什么选择该表达方式而不是其他，其背后都有说话或创作意图所在，因此语篇分析从来不是单纯的形式分析，而必须依靠语义。从语义的角度来看，语篇一定应有内容，即具有信息性。每句话、每个段落都表达一定的信息。而语篇整体的背后是思想理念信息，即作者创作该语篇的意图和理念。阅读过程是读者参与语篇的再创造过程。文学作品给读者提供材料和思考的机会，而读者对语篇思想理念信息作出怎样的解读并得出怎样的结论，乃是读者深思的结果。由于读者的认知水平不同，对语篇的理解存在着巨大的差异。有的人只能停留在语篇的内容层面上，而接收不到思想理念信息。这是由于这部分读者不会运用语言材料或者知识面不足，即缺少足够的博览性和对艺术作品的评价能力。因此，语篇分析的重要任务之一是帮助读者挖掘深层次的信息，进而使读者学会独立进行语篇深度分析。

本书主要采用对比分析方法。我们将汉语与俄语加以对比，将作品原版与再版进行对比。书中的语料绝大部分为作者搜集的第一手材料，包括几十部汉语和俄语的原文作品，以及数百条中外作家改笔的例文。其中，特别是作家对文本的修改，给予我们很大的启发，帮助我们领悟语言表达的细微之处，体会观察现象的视角，看到文字加工和词语锤炼的方法。

作者

2012 年 11 月 21 日于北京

目　录

绪　论

§1 语篇语言学是一门独立学科

一个学术研究的领域要形成独立的学科，必须有独立的研究对象，有其特有的概念和范畴，有自己的课题和研究方法。

语篇语言学具备了上述条件。

语篇语言学（лингвистика текста），顾名思义，是研究语篇的语言学科。所谓"语篇"（текст），狭义指文章，广义指一切言语或言语产品。在中国，人们对文章的研究由来已久。北宋时代，理学家程颐就提出了"文章之学"。（王凯符等 1983：4）在欧洲，公元前 5 世纪，古希腊便产生了雄辩术（риторика）的基本思想，专门研究如何修饰言语。（Топоров 1990:416）

然而长期以来，由于语篇的特殊地位，它一直被排斥在语言学的研究对象之外。这与索绪尔的结构主义理论不无关系。按照索绪尔的观点，语言是一个可明确把握的、可从形式上做精细描写的、又相互间的关系限定的形式成分系统；研究这些成分的内在关系是语言学这门独立学科的中心任务。语言学的研究对象是语言，但语言描写只能通过对具体的言语表达的分析来进行。（布斯曼 2003：525~526）也就是说，在索绪尔看来，言语不是语言学的研究对象，它只是语言研究的语料。而语篇显然属于言语：它是语言应用而不是语言潜式，它属于每个个体而不属于全社会，它有无数的数量而

1

不是数量有限的，它是随时生成而不是长期稳定的。

索绪尔的语言学实际上是"句子语言学"（лингвистика предложения），其对象是语言本身的性质和组词成句的规律，只是为了简便才叫做"语言学"。从 20 世纪中期开始，这个语言学受到了严峻的挑战。语言学家冲破了传统结构主义的束缚，把目光从语言逐渐转向了言语，其中一系列因素影响了这种变化。

首先，传统的结构主义把语言和言语区分开来，使人们对于语言现象有了更深刻的认识，这是以索绪尔为代表的结构主义语言学家的功绩，但同时也给语言学带来了不便和局限：言语是语言唯一可以直接观察到的东西，却只是语言各学科的语料而自己并未成为研究对象。于是从 20 世纪中期始，人们希望把言语也纳入语言学的研究对象。

其次，许多语言现象仅从语言体系内部难以给出满意的解释，比如某一个句子，单独地看，语法和用词都是正确的，但是放到一定的上下文中，就可能不合规范了。

此外，语言学其他学科的兴起和发展，语言学与其他学科的相互交融和渗透，都导致了语篇语言学的诞生。

上述因素中，最直接的原因是功能主义语言学的兴起。20 世纪 50 年代，对语言的功能研究趋于活跃，各国语言学的研究方向明显地从探讨语言结构转向探讨功能。在此背景下，许多论述语篇语言学研究对象、课题、概念、范畴以及方法的文章和学术著作相继问世，表明语篇研究已经形成了一个独立的学科。20 世纪 70 年代起，一批重要的语篇语言学专著问世，为这个学科的形成奠定了坚实的理论基础，其中较有影响的著作有韩礼德（M. A. K. Halliday）和哈桑（R. Hasan）合著的《英语中的衔接》（1976）、博格兰德（R. De Beaugrande）和德莱斯勒（W. U. Dressler）合著的《语篇语言学入门》（1981）、加利别林（И. Р. Гальперин）的专著《语篇作为语言学的研究对象》(1981)、海曼（J. Haiman）和汤姆森（S. Thompson）主编的《语法和语篇的小句结合》(1988)等。

§2 语篇语言学的研究对象、课题和方法

　　一个学科是否成立，要看它是否有自己的研究对象和课题。对象（объект）是观察、思考的客体，是研究材料和语料。课题（предмет）是研究的主要问题，是需要解决的任务和事项。对象和课题有关联性，但并不等同。一个客观事物可以成为多个学科的研究对象，多个事物也可以成为一个学科的研究对象。比如"人"可以是解剖学、生理学、心理学等多门学科的研究对象，但每个学科都有自己的课题：解剖学研究人体的结构，生理学研究人体的功能，心理学则探究人的心理活动。也有学科没有属于它自己的客观对象，比如修辞学，因为语言系统中根本不存在"修辞"这个层级，但这并不影响修辞学成为独立的学科。虽然修辞学没有专属于它的研究对象，但是它可以把别的学科的客体拿来研究，如语音、词汇、语法等，而最重要的是修辞学在研究语音、词汇、语法时有自己独特的角度，有不同于语音学、词汇学和语法学的研究课题和任务。

　　语篇语言学有它的研究对象，那就是语篇（текст）。然而语篇也是多学科的研究对象：文学、修辞学、符号学、文本学都研究语篇，甚至词汇学、语法学的例子也来自于语篇。同时语篇还是哲学、逻辑学、社会学、文化学等的研究材料。这些学科对于语篇的研究各取所需，有的把它作为直接的客体，有的仅仅利用它的资源，只有语篇语言学把它定位在语言学对语篇本体的研究，即研究语篇的构成规律及其范畴。

　　语篇语言学不仅有自己的研究对象，还有其独立的研究课题。

　　首先，语篇既然属于言语，就与语境和交际有关，因此语篇语

言学的任务之一是研究符合语境和交际条件的语言表达形式，如动词体、词序、指称形式的选择等。这一点语篇语言学不同于语法学，后者只限于一种正确的表达形式。同时语篇语言学还不同于修辞学，后者考虑的是哪个语言单位最适合该语体。

其次，语篇不是简单的形式符号，它是内容和意义的载体，是形义结合的产物。因此语篇语言学的任务是探究语篇的内容和语义成分，即如何建立起正确的语篇，探索语篇构成的规律，找到并建立语篇的范畴体系。（Николаева 1978:267-268）

语篇语言学不仅有自己的研究对象和课题，也有独特的研究角度和方法。语篇研究的基本原则是：

（1）兼顾形式和内容的原则：既研究表达内容的语言手段，也要考虑内容本身，特别是内容的语用功能。

（2）层级原则：考虑语篇中语言系统的所有符号层级。

（3）共性和个性原则：考虑全民的、语体的、体裁的特点，也考虑作者个人的特点。

（4）历史主义原则：考虑作品产生的语言时代。

具体来说，语篇研究的过程中，通常采用以下基本方法：

（1）实验方法：换词，缩写，扩写，改写，调整句序，短语和小句、简单句和复合句、主从关系和并列关系的转换等。

（2）语义修辞方法：常规性和偏离现象、指物义和情感义、一词多义现象、意义增殖等。

（3）对比修辞方法：对比相同类型内容的语篇之间的异同，对比原文和译文、初稿和改稿，也称为作者版本比较方法。

（4）定量分析法：用概率统计的方法来搞清数量规律，并以此确定语篇语言手段的性质。

§3 语篇语言学的定义及其学术研究方向

语篇语言学的研究对象是语篇。然而究竟什么是语篇，存在着很大的分歧。一种说法认为，只要内容和结构上连贯的句子，构成一个整体，就是语篇。不论它的长度如何，也不管它是全篇作品还是其中的一部分，甚至不管它是笔头还是口头，更不论它是言语成品还是言语过程。（Halliday, M. A. K. & Ruqaiya Hasan 2001：1；黄国文 1988：7；吴贻翼 2003：6）这是对语篇的广义解释。狭义的观点只承认书面的作品，并只认定完整的书面言语才是语篇，因为语篇的核心本质是完整性、整合性、目的性和有组织性，而这些属性只在完整的语篇中才能体现出来，个别句子、片断甚至章节都不能反映语篇整体思想。（Лосева 1980:4; Гальперин 2007:18）

实际上，以上两种观点代表了语篇语言学的两大学术方向，单纯地强调其中的任何一个方面对于整个学科来说都是片面的。有人把语篇语言学归结为研究独立句子之间联系的科学。这种定义不全面，因为这种观点只看到现象的局部而忽略了整体，既然语篇语言学的对象是语篇，它就要对语篇的整体属性作出结论。而只承认完整言语为语篇的人，把语篇语言学归结为研究语篇范畴的科学。这种定义也不全面，因为语篇研究最早的领域就是句子间的衔接手段。而且，各种衔接手段对于语篇的形成起着一定的作用。

我们认为比较全面地反映该学科内容的是俄罗斯《语言学百科词典》给出的定义：语篇语言学是研究连贯语篇建构规则及其语篇意义范畴的语言学学科。（Николаева 1990:267）

根据这个定义，语篇语言学分为两个部分：

（1）研究独立句子之间组合规律的科学。这个方向侧重于研究句组内部的衔接与连贯，故称为"语篇语法学"，又因其对象为语篇的局部，亦称为"小语篇语言学"。

（2）研究语篇整体属性的科学。这个方向旨在研究语篇的本体性质和核心范畴，故称为"语篇理论"，又因其以完整语篇为对象，亦称为"大语篇语言学"。

下面试对语篇语言学的这些方面，分别作一简要的描述。

（1）语篇语法学研究语篇的句法组织，包括句子的交际结构、单句之间的联系、语篇的单位（超句统一体）。根据研究对象，语篇语法学分为三个部分：实义切分、句际衔接手段和超句统一体。

实义切分（актуальное членение）是语篇语法学中最早的学术方向，是捷克语言学家马泰修斯（V. Mathesius, B. Матезиус）开创的。实义切分打破了传统的句子形式分析方法，导入功能 - 意义分析法，即根据词语在句中不同的交际功能，把句子切分为两个表意部分：一是叙述的出发点（已知），称为"主位"；二是叙述的核心（新知），称为"述位"。与句法分析法不同的是，句子的任何成分都可以成为主位或述位。（Матезиус 1967:239-245）

语篇语法学的另一个方面，是分析句子之间的表层联系。这个方向的研究成果表明，语篇中句子之间不仅有着意义上的，而且还有形式上的联系，这个联系区别于词组内部和句子内部词与词之间的联系。在语言上表现为词汇重复、代词照应、同义词替代等。韩礼德和哈桑在《英语中的衔接》一书里详尽地分析了英语的各种衔接类型。

语篇语法学的第三个方面，是研究超句统一体这个语篇组成单位。语篇的最小单位是超句统一体，它由一组意义和语法上相联系的单句构成。个别时候，意义和语法形式上完全独立的句子也可以直接进入语篇单位。俄罗斯学者索甘尼克（Г. Я. Солганик）将超句统一体分为"带链式联系"和"带平行式联系"两种，对于揭示连贯话语的展开规律有着积极的意义。（Солганик 1973:35-39）

（2）语篇理论探索语篇的本体属性，即"语篇性"。在这个领域，韩礼德（2000）论述了从语言系统到语篇的功能，博格兰德和德莱斯勒（1981）阐释了语篇的 7 个属性，加利别林（2007）论述了语篇的 8 个核心范畴。

这样看来，语篇语言学总体上可以划分为两个基本方向：(1) 致力于语篇的形式语法和应用的语篇语法学，它力求建立语篇结构模式的规则、过程、模式；(2) 普通语篇理论，力求通过研究具体的言语行为及其组织和使用规律来描写这些行为的语体特点并确定每种类型语篇的范畴特征。

也有人提出语篇不同的研究方向，如"语篇语义学""语篇修辞学"等，但我们认为，在俄罗斯语言学界它们或者尚没有成为一个明确的方向，或者应该归属于其他的语言学科，如语篇修辞学应该看作修辞学的一个分支。我们把分析语篇成分，如句子、句组、段落、超句统一体等，以及研究语篇整体属性的语篇理论，统称为语篇语言学，这是一个大语法的概念。

最后要特别谈一下语篇语言学与文章学的关系。语篇语言学与中国的文章学有着密切的关系。

文章学也称为"词章学""辞章学"，是以文章作为研究对象的。张寿康给文章学的定义是：它研究文章的本质，文章的产生和发展，文章的分类，文章的构成要素，文章的写作，文章的阅读、分析、鉴赏和文风、风格。（张寿康 1983:1）从这个定义中可以看到，文章学所设定的任务和目标，与语篇语言学基本相同：都要探索语篇（或"文章"）的本质属性，都要分析构成要素。当然，两个学科之间也存在着一些小的分歧或个别差异，如文章学作为文章总论，它的任务还包括探讨文章的起源和发展脉络，这个学科方向通常不进入语篇语言学的视野，它是与语篇相关的另一个学科——文献学（текстология）的研究任务之一。此外，文章的写作、文章的阅读与赏析，以及文体、风格等与语篇语言学的部分任务相一致，但不完全吻合。

至于文章学与语篇语言学的研究对象，二者之间也有一定的差异：语篇语言学所说的"语篇"，可以是各种语体的言语作品，如小说、诗歌、戏剧，报道、演说、社论，理论文章或学术著作、法律文献或产品说明书等，甚至可以不是言语成品，而只是讲话的过程，如即兴的口语对话。而文章学的研究对象则有比较明确的限定，它通常不包括文学作品，它所谓的文章，必须反映实际存在的事物，内容不允许虚构。（张寿康 1994:4）

§4 语篇语言学的发展历史

语篇语言学形成于 20 世纪中期，它的诞生有一系列的理论基础。

1. 语篇语言学的奠基理论

◆ 1）句子未完结理论

早在 1914 年，俄罗斯语法学家佩什科夫斯基（А. М. Пешковский）就在《俄语句法的科学阐释》（«Русский синтаксис в научном освещении»）第一版中提出了句子未完结理论，他的思想成为后来语篇语言学的奠基理论之一。佩什科夫斯基认为，个别的句子本身是未完结的，它们不是言语作品的独立单位。他在书中专辟一章讨论句组（сочетание предложений）问题，并首次提出了"复杂整体"（сложное целое）的概念。他认为，复杂整体是用连接词、关联词或者句法停顿等手段连接起来的句组，这个句组不可以用停顿分割。句子如果作为复杂整体的一个成分，它在语调上没有独立性，但如果不是复杂整体的一部分，则可以有语调完结性。

佩什科夫斯基称这个单位叫语调整体，或者叫语句（фраза）。他用这个术语指言语中的任何一个用分隔语调区分出来的片段，不论该片段由几个句子组成。佩什科夫斯基这样阐述句子和语句的关系：(1) 语句永远是句子或者句组；(2) 句子在大量情况下都是语句（简单的、复杂的或者部分的），只是在极个别的情况下才不构成任何语调整体；(3) 句组（复杂整体）永远是语句（复杂的或者在很少情况下是简单的）；(4) 部分的语句永远或者是复杂整体内部的句子，或者是单个句子内部联合起来的一组成分。(Пешковский 1938:407-410)

由此可见，佩什科夫斯基的研究已经十分接近语篇结构特征的系统分析。

❖ 2）实义切分理论

对于语篇语言学的产生起着巨大影响的是以捷克语言学家马泰修斯为代表的布拉格功能语言学派。该语言学派在 1929 年布拉格斯拉夫语言学家代表大会上，系统地阐述了自己的学术思想，具体在语篇语言学方面，他们提出：语言学分析不应局限于研究句子结构，而要研究连贯话语，并进而提出话语（высказывание）学说。更重要的贡献是马泰修斯创立了著名的实义切分（актуальное членение）理论，把句子的实义切分与形式切分区别开来。如果句子的形式切分是从语法要素的角度研究句子成分的话，那么句子的实义切分就是研究句子以何种方式与具体的语境发生联系，而句子也正是在这种具体上下文的基础上形成的。(Матезиус 1967:239-245)

❖ 3）语境理论

功能学派的创始人之一，英国学者马林诺夫斯基（B.K. Malinowski）

在 20 世纪 20、30 年代就倡导语言、翻译研究应以语篇为基础。他提出了"情景语境"（context of situation）术语，认为语言根植于该语言的民族文化、社会生活和民俗之中，不参照这些广泛的语境，就不能正确地理解语言。他把语境分为情景语境和文化语境两种。（胡壮麟等 1989：17）

弗斯（J. R. Firth）受到了马林诺夫斯基思想的启示而提出，语言中的意义很重要，语言中言语产生的社会语境（social context）也非常重要。他认为语言学研究的任务就是把语言中各个有意义的方面与非语言因素联系起来。他扩展了语境的概念，指出除了语言本身的上下文以及在语言出现的环境中人们所从事的活动以外，社会环境、文化、信仰、参与者的身份和经历、参与者之间的关系等，都构成语境的一部分。他从 20 世纪 30 年代倡导语篇研究，到 50 年代又指出，一个句子的语义，其主要部分往往要放在一定语境下发生的语篇里才能说得清楚。因此，语言研究必须从语段开始分析。（胡壮麟等 1989：17）

❖ 4）结构模式理论

1928 年，俄罗斯民俗学家普洛普（В. Я. Пропп）出版了一部专著，叫做《童话形态学》，这是俄罗斯语篇语言学的雏形。普洛普在书中分析了阿法纳西耶夫（А. Н. Афанасьев）的童话集，发现在童话中各种不同的人物有着相同的行为，或者相同的行为可以有完全不同的表现。于是他得出结论说，童话都是相同的，因为人物的行为相同。他把人物行为称作功能。他发现许多故事都是建立在功能重复的基础上，其结果是所有童话的故事情节都建立在相同功能的基础之上，因此童话的结构都是同一种类型，概括为以下模式：

发生了某件不幸的事。有人向主人公求援。主人公前往帮助寻找。路上遇到某人，该人先考验他，然后奖励他魔具。借此魔具主人公找到所寻物，胜利归来，并得到奖赏。（Происходит какая-то беда. К герою взывают о помощи. Он отправляется на поиски. По дороге встречает кого-либо, кто подвергает его испытанию и награждает волшебным средством. При помощи этого волшебного средства он находит объект своих поисков. Герой возвращается, и его награждают.）(Пропп 1928:30)

这就是童话的一般模式，在这个框架内可以添加各种情节。也就是，情节可以有变化，但总的结构是稳定的。普洛普的研究成果不仅适用于童话故事，而且对后来整个文学语言的分析乃至语篇语言学的产生都具有一定的影响。

2. 语篇语言学的形成

◆ 1）"复杂句法整体"的提出

1948年，莫斯科大学的语法学家波斯别洛夫（Н. С. Поспелов）发表了两篇文章，一篇是《复杂句法整体及其主要结构特征》（«Сложное синтаксическое целое и основные особенности его структуры»），另一篇是《现代俄语中的复杂句法整体问题》（«Проблема сложного синтаксического целого в современном русском языке»）。这两篇文章在俄罗斯被称为俄语语篇语言学的奠基之作。在这两篇论述中，作者系统地阐述了复杂句法整体的学说，认为句子与句子之间存在着密切的联系和相互制约的关系。作者认为必须把句子看作整体的一部分，对于句子的研究不能脱离上下文。连贯言语的句法单位不是句子，而是复杂句法整体，因为只有复杂句法整体才能表达复杂完整的思想，并在上下文中具有相对的

独立性。(Поспелов 1948a:43-68; Поспелов 1948b:31-41)

也在 1948 年, 另一位俄罗斯学者费古洛夫斯基 (И. А. Фигуровский) 发表了一篇重要的文章《从单句句法到完整语篇句法》(«От синтаксиса отдельного предложения – к синтаксису целого текста»), 这篇文章主要谈句子之间语义上的联系和语法上的形式连接手段。(Фигуровский 1948:21-31) 1961 年, 费古洛夫斯基又出版了专著《完整语篇句法与学生的笔头作业》(«Синтаксис целого текста и ученические письменные работы»), 进一步分析了句际关系与句际连接手段。他按照并列复合句和主从复合句的分类原则, 确定了句际联系的类型。分析了词语重复、代词、动词形式等句际连接手段。(王福祥 1994: 20)

这两位语言学家 1948 年发表的文章成为俄语语篇语言学的奠基性成果。因此, 俄罗斯语言学界通常认为语篇语言学诞生于 1948 年。

❖ 2)"话语分析"的提出

1952 年, 美国结构主义语言学家哈里斯 (Z. S. Harris) 写了一篇题为《话语分析》(Discourse Analysis: A sample text) 的文章, 刊登在《语言》(*Language*) 杂志上。哈里斯首次使用了"话语分析"(Discourse Analysis) 这一概念。在这篇文章中, 他分析了一篇关于生发水的广告, 他的分析包括了探索能解释句子与句子之间关系的规则, 并涉及语言与文化、语篇与社会情景等问题。他尝试用描写语言学的方法来分析语篇中的现象。他提出语篇分析的两个方向: 一是将描写语言学延伸到单句以外现象的分析, 即超越句子界限描述语言; 二是把语言与文化结合起来研究, 即研究语言与文化之间的关系。此后,"话语分析"这个术语逐渐为人们所熟悉, 而哈里斯的这篇文章被德莱斯勒称为语篇语言学的奠基之作。书中的某些话语已经成为人们引用的经典语言，如"语言不是以互不衔接的词或句子出现，而是以连贯语篇的形式表现，从一个词到十卷的长篇巨著，从独白语到辩论"。（Москальская 1978:12; Филиппов 2003:48）

❖ 3）"语篇语言学"和"语篇语法"术语的提出

1967 年，德国语言学家魏因里希（H. Weinrich）首先提出了"语篇语言学"（Textlinguistics）这个术语，以后这个术语逐渐被越来越多的人接受。（转引自王福祥 1994：2; Дресслер 1978:114）他认为，任何语言研究都应该以语篇为描写的框架。1968 年，哈尔维克（R. Harweg）出版了《指代和语篇建构》。在 1973 年和 1974 年，德国语言学界连续出版了 4 本语篇语言学专著，一本是德莱斯勒的《语篇语言学导论》，一本是施密特（S. J. Schmidt）的《语篇理论》，还有两本是哈尔维克（R. Harweg）的《语篇语言学》以及在魏因里希倡议下由韦纳·卡迈（Werner Kallmeyer）完成编写的《语篇语言学大学讲义》。这些著作无疑为语篇语言学的建立和发展起到了巨大的作用。（转引自王福祥 1994：21；Николаева 1978:5）

荷兰语言学家范戴克（T. A.van Dijk）在 20 世纪 70 年代以前就发表过探讨语篇和语境的文章，介绍过语篇语言和语篇理论。后来，范戴克等一批学者云集德国的康斯坦斯大学，参加一个叫"语篇语法"（text grammar）项目的研究，试图找到能够制作语篇的抽象的语法和词汇。1977 年他发表了新作，重点讨论了连接、衔接、语篇的主题、语篇的语言学和语用学的关系等。随后，他约请各国语篇研究者撰稿，并在 1985 年编辑出版了《话语分析手册》，共 4 卷，总结了 20 世纪 70 年代以来语篇研究的成果，反映了语篇研究的各种问题，对篇语言学后来的发展产生了巨大的作用。（徐赳赳 1995：15；吴为章，田小琳 2000：236~237）

◆ 4）词序的研究

20 世纪 70 年代，俄罗斯学者发表了一系列有关句子词序的著作和文章，其中较有影响力的是科夫图诺娃（И. Ковтунова）的《现代俄语·词序与句子的实义切分》(1976)，克雷洛娃（О. Крылова）和哈芙罗尼娜（С. Хавронина）的《俄语中的词序》(1976)，莫斯卡利斯卡娅（О. И. Москальская）的《语篇语法》(1981)。

◆ 5）句际衔接手段的研究

1976 年，英国学者韩礼德与哈桑合作出版了《英语中的衔接》，为"语篇"下了定义，还对其他一些重要概念做出了解释，如衔接、语篇织体（texture）、主位、信息结构等。他们十分注重语境的研究，使用了"语域"（registers）这个术语，并指出，"范围""方式""交际者"是语域的三个组成部分。他把句子之间的接应关系分为内接应和外接应，内接应又分为前接应和后接应。这一理论揭示了句子之间的内在联系，对揭开语篇衔接和连贯起了很大的作用。

1980 年，俄罗斯学者洛谢娃（Л. М. Лосева）出版了专著《语篇是怎样构成的》，书中详尽描述了俄语中的句际衔接手段。她把语法衔接手段分为两大类：(1) 通用语法衔接手段，(2) 语篇专用衔接手段。前者指既可以用来连接复合句，也可以用来连接独立句子，如连接词、语气词、插入语、动词谓语的体时、代词、同义词替代等；后者指只能用来连接各个独立的句子，如在单个句子里不能完全展开语义的词和词组、词语重复、某些用简单不扩展的双成分句形式的表述、个别的疑问句和感叹句、称名句等。表达句子之间关系的衔接手段可以借用主从复合句和并列复合句中使用的连接方法，如使用主从或者并列连接词，如 хотя、так как、однако、но、и，也可以不用这些手段而使用语篇特有的手法，如名词重复、代词替代。

14

❖ 6）超句统一体的研究

这方面研究的代表人物是俄罗斯的索甘尼克。他于 1973 年出版了专著《句法修辞·复杂句法整体》，系统研究了超句统一体的特征及其类型。他将超句统一体划分为两大类：一类用链式连接方式把句子组织起来，另一类用平行式手法组织句子。

❖ 7）语篇理论的研究

1981 年，博格兰德和德莱斯勒的《语篇语言学入门》出版。该书的主要贡献在于集中概括了语篇的 7 个特征：衔接性、连贯性、意图性、可接受性、信息性、情景性、跨语篇性。

也在 1981 年，俄罗斯语言学家加利别林出版了《语篇作为语言学的研究对象》，系统阐释了语篇的基本属性，包括 8 个核心范畴：信息性、可切分性、连贯性、时空连续性、片段独立性、回溯性、情态性、完结性等。

1985 年，韩礼德出版了《功能语法导论》，为语篇语言理论注入了全新的思想。他在这部专著中讨论了语言的元功能或称纯理功能，即概念功能、人际功能和语篇功能。对这些元功能应根据语言用途划分出若干语义功能及其相应的子系统。

以上三大流派的学术思想，对语篇语言学的理论形成产生了重大影响。本书关于语篇本质的理论基础正是建立在吸收和消化这些思想的前提下，并结合中国语言学的修辞学和文章学传统，来阐释语篇形成的原理和机制。

3. 现阶段俄罗斯语篇语言学的发展

进入 21 世纪，语篇研究的热潮不但没有消退，而且更加炽烈。不仅语篇语言学自身在蓬勃发展，其他一些新兴的功能主义学科，如语用学、言语行为理论、社会语言学等，也与语篇研究的理论和方法相互交叉，学科的界限变得越来越模糊。

整体看，现阶段俄罗斯语篇语言学的发展呈现出几大趋势。

❖ 1）继续深化语篇理论

不断有探索语篇本质属性的理论性著作问世，不少研究建立在学科交叉的基础之上。其中 2002 年，帕皮娜（А. Ф. Папина）的《语篇：语篇单位和普遍范畴》（«Текст: его единицы и глобальные категории»）探讨了语篇单位 —— 句子、语句、超句统一体等，并指出交际行为者、交际行为、时间、空间、评价等语篇范畴；沃罗日比托娃（А. А. Ворожбитова）的《语篇理论：人本中心》（«Теория текста: Антропоцентрическое направление»）在普通语言学框架下对语篇理论进行了梳理，主要讨论了语言个性、认知语言学的发展、新修辞学等问题。2007 年，博罗特诺娃（Н. С. Болотнова）所著《语篇的语文学分析》（«Филологический анализ текста»）出版了第三版（该书首次出版于 2001 年）。书中总结了近年来语篇语言学理论的研究成果，着重分析语篇定义、语篇特征、语篇范畴、句际衔接手段、语篇类型等问题。这部著作的特点在于比较详尽地阐述了语篇基本理论问题，并从语篇修辞角度探索各种类型语篇的语体特点，为语篇分析提供了范本。每章附有参考题。2003 年，语法学家瓦尔金娜（Н. С. Валгина）出版了专著《语篇理论》（«Теория текста»）。书中用通俗易懂的语言和丰富的实例阐述了语篇理论的研究对象、课题、方法和范畴。作者探讨了语篇的构成机制、言语的组织原则、语篇单位、信息类型以及言语的各种功能语义类型等。该书最为显著的贡献在于对信息性和主观情态性的分析，把语篇范畴与文本的修辞分析以及语文学的作家形象分析结合起来。

❖ 2）语篇语法研究不断深入

实义切分、句子连贯等领域出现了一些新的成果。2005 年魏赫曼（Г. А. Вейхман）出版的《语篇语法》（«Грамматика текста»）是一部实践性很强的著作。作者在梳理 20 世纪末至 21 世纪初的语篇语言学和语法学研究成果基础上，十分详尽地介绍了语篇语法理论。书中对句法和实义切分、言语类型和句际衔接手段等都有论述。其中不少理论和分析方法借鉴了西方语篇学说，书中的语料均为英文材料。2009 年，克雷洛娃（О. А. Крылова）对其 1992 年出版的《俄语交际句法》（«Коммуникативный синтаксис русского языка»）进行了增修。这部著作非常详尽地描述了俄语的实义切分理论。作者运用这一理论不仅分析单句，而且还描写词组、复合句以及全篇的交际结构，特别是关于倒置和语篇类型的分析，对于了解俄语语言特点有很大的帮助。

❖ 3）语篇教学研究

陆续产生了一批语篇语言学教科书，以及与语篇教学相关联的成果。2003 年，俄罗斯有 3 本语篇教科书问世。第一本是舍甫琴柯（Н. В. Шевченко）的《语篇语言学基础》（«Основы лингвистики текста»）。该书主要根据加利别林的语篇理论写成。书的结构和章节安排也几乎与加氏著作相同，只是语言更加通俗易懂。书中概述了语篇的基本理论，每章末尾给出参考问题和作业。第二本书是圣彼得堡大学的菲利波夫（К. А. Филиппов）的《语篇语言学》（«Лингвистика текста»），它是根据作者多年的讲义整理成的。这本书的特点在于对语篇语言学的历史整理相当详尽，从亚里士多德到范戴克再到俄罗斯的尼古拉耶娃。书中大量运用对比和实验的方法，比较了大量的俄语和德语语料。第三本教材是巴卞科（Л. Г. Бабенко）和卡扎林（Ю. А. Казарин）合著的《语篇的语文学分析（习题集）》(«Филологический анализ текста. Практикум»)。该书从结构、语义、功能等多个角度指导学生对文学语篇进行分析。书中围绕语篇的属性、基本范畴展开练习，并给出分析的样本和自我检查的问题。

俄罗斯学者还专门为中学生撰写了一批语篇教科书。语篇研究者、莫斯科大学新闻系教授索甘尼科撰写了《语篇修辞学》(«Стилистика текста»)《从单词到语篇》(«От слова к тексту»)等书。作者用通俗易懂、风趣幽默的语言阐释了语篇的特点，以知名作家的例子教给学生如何掌握言语、如何正确地组织语篇。重要的是作者每给出生动的例子，并不直接说出问题的结论，而是启发学生思考，吸引学生参与共同讨论。特别需要指出的是，俄罗斯许多知名的学者和教授都参与到初、高中教材的编写工作中，如语言学家罗森塔尔（Д. Э. Розенталь）在为高中生编写的《俄语·高中和高考学生用书》(«Русский язык. Для школьников старших классов и поступающих в вузы») 中，专辟一章谈词序问题；语法学家佐罗托娃（Г. А. Золотова）等编写的《俄语：从系统到语篇》(«Русский язык: От системы к тексту») 是一本 10 年级教学用书，书中详细给出了语篇的基本问题。另一本重要的教学用书是柳比切娃（Е. В. Любичева）教授和奥里霍维科（Н. Г. Ольховик）于 2005 年撰写的《从语篇到意义以及从意义到语篇》(«От текста к смыслу и от смысла к тексту») 一书。该书用简明扼要的语言解释了复杂的语篇现象，包括语篇产生的机理和解读原理。作者的目的主要是教会学生分析语篇的方法。文学语篇研究者戈尔什科夫（А. И. Горшков）撰写了《俄语言语：从单词到作品》(«Русская словесность: От слова к словесности»)。该书专门讲授文学作品的语言分析。

❖ 4）语篇横向研究

语篇的分支方向迅猛发展，特别是语篇修辞学和文学作品的语言修辞分析。后者本属于俄罗斯的传统学科，但在当代语篇理论的指引下，得到了深化。卢金（В. А. Лукин）对语篇理论的探索限定在文学语篇中。他于 1999 年出版并在 2009 年再版的《文学语篇：语言理论基础》（«Художественный текст: Основы лингвистической теории. Аналитический минимум»）中，系统分析了文学语篇的范畴和语义结构，并给出文学语篇的分析模式。德马尔斯基（М. Я. Дымарский）的文学语篇研究也颇有特点。他的专著《语篇构成问题与文学语篇》（«Проблемы текстообразования и художественный текст»）2001 年出版，并于 2006 年再版。作者在书中阐述了语篇的生成机制和文学语篇超句统一体的组织。在语篇修辞领域影响较大的是戈尔什科夫（А. И. Горшков）2006 年出版的《俄罗斯修辞学·语篇修辞与功能修辞》（«Русская стилистика. Стилистика текста и функциональная стилистика»）。书中讨论了普通修辞学、语篇修辞学和功能修辞学 3 个课题。这本书把语篇语言学与修辞学结合研究，令人耳目一新。

俄罗斯的修辞学一向走在世界的前列，尤以功能修辞学成果显著。近年来对于其他语体的语篇研究又有一些新的成果。其中切尔尼阿亚夫斯卡娅（В. Е. Чернявская）2006 年出版的《科学语篇阐释》（«Интерпретация научного текста»）较系统地分析了科学语体的语篇特点，对于全面解释各类型语篇有很大的借鉴意义。该书连续两年再版。阿尼西莫娃（Е. Е. Анисимова）的研究带有跨学科性质。她 2003 年出版的著作《语篇语言学与跨文化交际》（«Лингвистика текста и межкультурная коммуникация»）把语篇的语言研究与符号研究结合起来，将语篇分析移植到图画、影像、色调、签名等非语言学传统领域。

第一章 句子的实义切分

§1 实义切分概述

语法学是研究语言结构规律的科学，而描写语言结构的重要任务，是对句子进行语法分析。

传统的句子分析，主要是为了确定句子成分，因此亦称"成分分析法"。比如"我写文章"这个句子，"我"是主语，"写"是谓语，它们一起构成句子的述谓核心，是句子的主要成分；而"文章"是句子的次要成分。

句子成分分析法帮助我们了解语法结构，使人们说话或作文符合语法规则。但是主要成分是不是一定表达主要信息，这一点成分分析法不能给出回答，因为它只管语法正确与否，而不关心信息内容。"我写文章"如果回答"你在干什么？"，答话中主要信息是"写文章"。如果把问题换成"你在写什么？"，回答"文章"就行了，"我写"变成了次要信息。

布拉格语言学派开创的实义切分理论打破了传统语法形式分析的框框，它从功能的角度出发，根据具体的交际任务来确定哪些话该先说哪些话应后讲。所谓的"实义切分"，就是根据句子的实际意义进行的划分。由于具体的交际任务不同，一个句子可以分为两部分：一部分是叙述的出发点（исходный пункт），即说话人想要说的话题。出发点经常（但不总）是听话人所知道的，或者根据语境或上下文可以推测出的，是句子的已知信息（данное）。句子的另一部分是关于第一部分话题的内容，它是主要的交际内容，第二部分经常包含新知（новое），是读者或听者不知道的内容。

与传统的语法成分分析法相比，实义切分有 3 个特点：（1）把句子结构与信息结合起来，考察用何种句式表达什么样的信息；（2）把句子和语境结合起来，哪个句子成分最重要，从句子本身看不出来，要依赖上文；（3）不再把句子分为主语、谓语、宾语、定语、状语等多个成分，而只分为两个部分，一部分为已知信息，一部分为新信息。

传统的语言学在考察词序时，多是从形式的角度出发，先找出句子的各种成分，然后分析主语、谓语、状语等谁前谁后的问题。这种办法固然也能找到一些规律性的东西，但毕竟很难从实质上把握词序的根本所在。我们不妨看一个俄罗斯作家修改的例子：

原文

Он каждый день встречался с Уваровым в институтских коридорах… Был Уваров простодушно приветлив <u>при встречах</u>*… (Ю. Бондарев. Тишина).

改文

Он каждый день встречался с Уваровым в институтских коридорах… <u>При встречах</u> Уваров был простодушно-приветлив… 他每天都与乌瓦洛夫在学院的走廊里碰面。<u>遇见时</u>乌瓦洛夫总是和蔼可亲。

这个例子中修改的地方不多，只把词序做了个别调整。按照传统的成分分析法，很难解释为什么改文把 при встречах（遇见时）提到句首，因为俄语里该状语既可以放在句首，也可以置于句尾。

---

* 下划线表示该节所讨论的具体用语。

只有用实义切分理论才能解释作家的修改原因：前句讲"他"每天碰到 Уваров，后句的 при встречах 成为已知信息，故应置于句子的开头，而非末尾。

再看两个中文的修改例子。

①

原文

"一定要吃我们吗？"小林问。

"你们要送我几件珠宝，<u>就可以不吃</u>"。（张天翼：大林和小林）

改文

"一定得吃我们吗？"

"<u>不吃你们也可以</u>，可是你们得送我们几件珠宝"。

②

原文

梅娘：怎么不告诉我？

维汉：你又不能同我去。<u>我告诉你有什么用呢？</u>（田汉：回春之曲）

改文

梅娘：怎么不告诉我？

维汉：<u>告诉你有什么用呢？</u> 你又不能同我回去。

例①上文只说到"要吃人"，并没有提到"珠宝"，因此答话应该顺着这个话题先说吃不吃的事，然后才能提出新的条件。例②也是如此：前面说"怎么不告诉我"，后句应先说"告诉不告诉"，然后才说"去不去"。从信息的性质（已知和新知）看，改文更符合逻辑规律。

一般来说，话题是已知的信息，它通常在句子的前部分，叫做"主位"（тема）。焦点是句子的主要信息，是围绕话题展开的交际重点，一般放在主位的后面，叫做"述位"（рема）。切分时，主位和述位之间用双斜线 // 隔开。句子中只有述位承担交际任务。为了有别于句法分析，实义切分的基本单位通常不叫句子（предложение），而叫做"话语"（высказывание），这不仅是术语上的区分，而且还表明它已经不再是语言体系单位，而是言语交际单位。但是，出于表述习惯，汉语里我们仍把实义切分的单位称为"句子"。

实义切分不是否定传统的句子成分分析法（亦称"句法切分"），而是对它的重要补充，特别是对于词序的安排有很大的意义。比如"父亲买电脑"这件事，可以有几种表达：

① 父亲买了电脑。

② 电脑是父亲买的。

③ 电脑嘛，父亲买了。

以上不同的说法，反映了交际任务的不同：①句的交际任务是回答"父亲做了什么？"，②句回答"谁买的电脑？"，③句则回答"父亲是否已经买了电脑？"。

由此可见，不同的词序解决不同的交际任务。完成交际任务就是回答对方的问题，给对方最想知道的信息。以"给老师送作业本"为例：

交际任务	句子的实义切分
① Ты пришел сюда по делу? 你来这里有事吗？	Я // принес преподавателю тетрадь. 我来//给老师送作业本。
② Кто принес тетрадь преподавателю? 是谁给老师送了作业本？	Тетрадь принес преподавателю // я. 给老师送作业本的是//我。
③ Принес ли ты тетрадь преподавателю? 你把作业本给老师送去了吗？	Я тетрадь преподавателю // принес. 作业本我给老师//送去了。
④ Кому ты принес тетрадь? 你把作业本给了谁？	Я принес тетрадь // преподавателю. 我把作业本给了//老师。

并不是所有的句子都可以切分为主位和述位。述位是表述的中心，因此是每个句子都有的。但主位的情况有所不同，有的句子处于一定的上下文时可以省略主位，如回答"你写什么？"时，可以简答"文章"。有的句子从交际角度看没有叙述的出发点和对象，句子的交际目的在于报道某处存在或出现某个现象，也就是说，整个句子构成一个述位，表达未知的信息。由于这类句子不能切分成主位和述位两部分，因此称作交际上的不可切分句（нерасчлененное предложение）或零主位句（высказывание с нулевой темой）。例如：

> ① Близился вечер (В. Великанов. Разбойник и Мишка). 傍晚降临了。
>
> ② 飘雪了。（肖复兴：海河边的一间小屋）
>
> ③ 突然闪出一道电火。（徐迟：长江源头）

§2 实义切分的手段

表达实义切分的手段主要有 3 种：词序手段、语音手段以及词汇手段。

1. 词序手段

在完成交际任务时，说话人总是先说对方已经知道的内容，然后再说新的内容，即按照"已知信息→新信息"的规律来安排词序。例如：

> Центральная фигура в учебном заведении – это учитель, от его подготовки и квалификации в определенной степени зависит и качество образования.

（接上）

> 　　学校的主体是教师，教育质量在一定程度上取决于师资培
> 养及其水平。①
>
> 　　学校的主体是教师，师资培养及其水平在一定程度上决定
> 了教育质量。②

　　这是《上海合作组织教育部长 2008 年度报告》中的一段话。
俄文的词序遵从"已知→新知"原则：第一句提到 учитель（教师），
第二句就先说 его подготовки и квалификации（师资培养及其水
平）。译文①在处理第二句话时，把已知的信息放在了句末，有些
欠妥。而译文②更贴近于原文，保持了说话角度的一致性。

　　词序作为实义切分的手段在各种语言里发挥着不同的作用。具
有丰富词形变化的屈折语，由于词形变化是用来表示语法关系的主
要手段，使得词序被解放出来，得以充当实义切分的最主要手段。
俄语里由 5 个单词组成的句子 Я завтра утром пойду гулять.（我明
天早晨去散步）可以排列出 120 种不同的词序！仅举其中几种词序：

> ① Я завтра утром пойду гулять. 我明天早晨去散步。
>
> ② Я пойду гулять завтра утром. 我去散步明天早晨。
>
> ③ Я завтра утром гулять пойду. 我明天早晨散步去。
>
> ④ Завтра утром гулять пойду я. * 明天早晨散步去我。

　　俄语的 4 种词序表示不同的交际意义。①是基本意义；②的交
际背景：谈话对方已经知道"我"要去散步，只是不清楚什么时候
去，因此新信息"明天早晨"放置句尾；③的意思是明天早晨去散
步而不是去做别的事情；④指出明天早晨去散步的不是别人，而是
"我"。

　　即使只有两个词的句子，词序颠倒也将导致意义的变化。

---

* 表示不可以这么说或这么译。

25

例如：

> ① Миша // рисует. 米沙在画画。
>
> ② Рисует // Миша. 画画的是米沙。

与屈折语相比，分析语的词序作为实义切分的手段受到很大的限制。分析语由于缺少词形变化，词序便用作表达语法意义的主要手段，因此很难再用来担负实义切分的任务。例如前面例子中的④句，俄语里可以说 Завтра утром гулять пойду я.，但汉语如果逐词按此顺序翻译"明天 — 早晨 — 散步 — 去 — 我"，就不是完全正常的句子。

再看一个汉语外译的例子：

> 我又找了胖校长去，她没在家。一个青年把我让进去。（老舍：月牙儿）
>
> Я пошла к директрисе, ее не было дома. Меня пригласил войти молодой человек (Перевод А. Тишкова).

"我"和"一个青年"相比，显然"我"是已知，"一个青年"是新知，照理应说"我被一个青年让进去"，但这不符合汉语的表达方式。而俄语有得天独厚的条件，它凭借词形变化优势（меня "我"用宾格，молодой человек "一个青年"用主格形式），可以较自由地处置词的顺序，译者在翻译后句话时就用了"我 — 邀请 — 进去 — 一个青年"这样的词序。

我们再看一个类似情景的英语例子：

> Soon we stopped in front of a very old house, with a very clean front doorstep, and fresh white curtains at the window. A strange-looking person, dressed in black, with short red hair and a very thin white face came out to meet us. (Charles Dickens. *David Copperfield*)
>
> 很快我们在一幢十分古旧的房子前停了下来。门前的台阶

（接上）

> 十分干净，窗户挂着洁白的窗帘。有一位相貌古怪、身着黑衣、留红色短发、面孔精瘦苍白的男子出来迎接我们。

　　a strange-looking person 明明是新信息，却放在句首端先说，而已知的 us 被置于句子的最末尾，这也是因为英语的词序主要用来表达语法意义的缘故。

2. 语音手段

　　各种语言的结构有差异，但人们表述思想的规律是相同的，都要在说话中完成交际任务，说话人要想办法把该语境中最重要的信息传递给对方。

　　前面提到，在屈折语中表达实义切分的手段主要是词序——说话人把最重要的信息放在句尾。分析语则往往不能随意处置词序，它必须选择其他手段来突出主要信息。而这个手段就是逻辑重音。

　　所谓"逻辑重音"（логическое ударение），指说话人为了表示对比或为了强调句子中某一个词的意义而特别重读。这种特别的重读音节称为逻辑重音，如前面的俄文例子 Я завтра утром пойду гулять. 4 种词序所表达的不同含义，在汉语里就要用逻辑重音来加以区分：

> ① Я завтра утром <u>пойду гулять</u>. 我明天早晨去<u>散步</u>。
>
> ② Я пойду гулять <u>завтра утром</u>. 我<u>明天早晨</u>去散步。
>
> ③ Я завтра утром гулять <u>пойду</u>. 我明天早晨<u>去</u>散步。
>
> ④ <u>Завтра утром гулять пойду я</u>. <u>我</u>明天早晨去散步。

　　每句俄文的末尾都是语义中心，而每个相应的汉语表达都用逻辑重音的方式来突出这个中心。

　　在大多数情况下，英语也把逻辑重音作为实义切分的主要手段。

试比较：

> ① He speaks English <u>well</u>. 他英语说得<u>好</u>。
>
> ② <u>He</u> speaks English well. <u>他</u>英语说得好。
>
> ③ He speaks <u>English</u> well. 他<u>英语</u>说得好。
>
> ④ He <u>speaks</u> English well. 他英语<u>说</u>得好。

即使在富于形态变化的俄语里，词序也不是万能的，有时它也显得无能为力。例如：

> ① Студенты // едут в Москву. 学生们去莫斯科。
>
> ② Студенты едут // в Москву. 学生们去莫斯科。

两个俄语句子的用词和词序完全相同，但交际重点却不一样：①回答"学生们在干什么？"，②回答"学生们去哪里？"。这种情况下，词序已经不能起到区分语义重心的作用，俄语也可以像汉语和英语那样，通过重读的方式强调句子的核心信息，比如②句可以在 в Москву 上落有逻辑重音。

然而，更多的时候，俄语不是依靠逻辑重音，而是用语调作为实义切分的辅助手段。

语调（интонация）指说话时句子里声音高低、快慢、轻重的变化。作为实义切分重要手段的语调，与语段有密切的关系。

所谓"语段"（синтагма），在语调上指不可分割的言语意义片断。语段包含句子意义相对完整部分或不完整部分。语段在语调上都是完整的、不可分解的，因为每个语段都被一种调型连接成整体。语段按所处位置可分为句末语段和非句末语段，按意义表达程度可分为语意完结语段和语意未完结语段。

前面谈到的 ① Студенты // едут в Москву. 和 ② Студенты едут // в Москву. 词序相同，但语段切分却不同。①句可以是一个语段：Студенты едут в Москву.，即用陈述句语调（调型 -1）一口气读

完整个句子；也可以是两个语段：Студенты | едут в Москву.，即
Студенты 用上升语调（调型 -3）读，然后作短暂的停顿，表示这
个词是主位，接下来用调型 -1 读第二个语段 едут в Москву。而
②句只切分为两个语段：Студенты едут | в Москву.，即 Студенты
едут 是一个语段，用上升语调（调型 -3）读，表示主位和述位的界
限，剩余部分 в Москву 为一个语段，用调型 -1 来读。

3. 语气词

　　语气词是表达实义切分的补充手段，起加强和突出某信息的作
用。语气词或是突出主位，或是突出述位。俄语里常用的语气词有
же、то、тоже、даже、и、только、лишь、ещё、именно 等。突出
主位的语气词有 же、то 等。

　　在非疑问句中，主位由后置的语气词 же 加以突出，же 起着对
比连接的作用。语气词 то 依附在名词的后面，表示这是句子的话题。
例如：

> ① – И зачем эти дачники сюда ездят? В городе же
> интереснее! (Н. Дубов. Небо с овчинку). "这些住别墅的人来这
> 儿干什么？城里不是更有意思吗！"
>
> ② – Ночка-то какая славная, – заговорил вдруг незнакомец
> (А. Куприн. Чудесный доктор). "夜晚多美呀，"陌生人忽然开口
> 说道。

　　汉语的语气词"嘛""呢""呀"等也起着类似的作用。例如：

> 上述是我们家乡人的月子洗澡方法，城里嘛，求简单……

　　俄语里突出述位的语气词有 даже、тоже、и、только、лишь、
ещё、именно 等。语气词 даже（甚至）标记它后面跟着述位。例如：

> ① Смеялись даже взрослые.（＊笑了甚至成年人。）
>
> ② Даже взрослые смеялись. 甚至成年人也笑了。

这是俄罗斯学者阿普列相（Апресян 1988:13）比较的例子。两个句子的用词相同，词序各异，但不论怎样排列，都可以判定 взрослые（成年人）为述位，因为语气词 даже（甚至）提示它是新信息：上文一定说到有人笑了，下文才能讲"甚至……也笑了"，或"连……都（也）笑了"。

的确，汉语的"连"字与俄语的 даже 功能极为相似，"连……都（也）"结构也起着突出述位的作用。例如：

> ① 他<u>连</u>我也不认识了。
>
> ② <u>连</u>我他也不认识了。

以上两句中，无论"我"置于何处，听话人都可以辨别出它是新信息，原因就在于"连"字的作用。

俄语的 тоже 和汉语的"也"也是突出述位的重要手段，它们标记其前面的部分为新信息，而它们之后的词语是已知信息。例如：

> И салатик, оттого что постоял в холодильнике, стал ещё вкуснее, и торт <u>тоже</u> стал вкуснее (Е. Гришковец. Одновременно). 凉菜因为在冰箱里放了一会儿，味道更好了，蛋糕<u>也</u>更好吃了。

针对第一句来讲，第二句里的 торт（蛋糕）是新信息，而 вкуснее（更好吃）属于已知信息，两者之间的分水岭是 тоже，它起到突出述位的作用。

汉语里类似的情况很多，以下例子后句的"也"都用来标记其前面的词表示新信息：

> ① "你还哭不哭？我想不哭了。""好，我<u>也</u>懒得哭了。走吧。"（张天翼：大林和小林）
>
> ② 他读的都是大本的书，他的笔记本<u>也</u>是庞大的……（老舍：大慈悲寺）

阿普列相（Апресян 1988:13）还分析了照应语气词 тоже（也）、также（还）的作用。他认为 тоже 标记它前面的部分为新信息，后面部分为旧信息，而 также 正相反，是述位的标记。试比较：

> ① Он любит читать газеты, но специальную литературу он <u>тоже</u> читает. 他喜欢看报纸，但专业书他<u>也</u>读。
>
> ② Он любит читать газеты, но он читает <u>также</u> специальную литературу. 他喜欢看报纸，但他<u>还</u>阅读专业书籍。

无论俄语的 тоже 还是汉语的"也"，都标记它前面的词是述位，也就意味着它主位落到了句子的后部，这与实际切分的基本原则产生了一些冲突。于是俄语便想办法改变这种情况，出现了以语气词 и 代替 тоже 的用法。我们看一个作家改笔的例子：

原文

> Несколько человек остановились. Гринька <u>тоже</u> остановился (В. Шукшин. Гринька Малюгин).

改文

> Несколько человек остановились. Остановился <u>и</u> Гринька.
> 几个人站住了，格林卡<u>也</u>停了下来。

原文用了 тоже（也），但打乱了表述的连贯性：前面说有几个人停下来了，后句本该接着说停下脚步的还有谁，可是 тоже 要求它前面是新信息，而已知的信息放在其后。于是作者在修改时，用 и（也）替换掉 тоже，意思没有变，词序却理顺了。原因就在于 и 标记它前面的信息是已知。

不仅俄语力图保持语气的连贯，英语在尽可能情况下也力求遵守实义切分的原则。还拿"也"字为例：

> ① "We must start for the work-site now." "<u>So must we.</u>" "我们该动身去工地了。""我们<u>也该去了</u>。"

（接上）

② I am quite willing to help and <u>so are</u> the other comrades in our class. 我很愿意帮忙，别的同学<u>也都很愿意</u>。

③ Society has changed and <u>so have</u> the people in it. 社会变了，人<u>也跟着</u><u>变了</u>。

上述英语各例中，本可用 also、too 等表示"也"的意思，但为了保持表述的一致性，英语用 so 替代上文说过的话，以此形成"主位→述位"的词序。

§3 主位、述位与已知、新知

已知（данное）指读者或听话人从上文获取的或语境提示的信息，而新知（новое）则表示对读者、听者来说在上文中未提过的新内容。

1. 已知的表现形式

表示已知的词汇手段，可用来确定所在句子与上文的联系。这些手段可以是人称代词、物主代词或指示代词与名词的组合、指示代词 это（这是）表示整个已知情景、前文中提到的任何现象、前文意义逻辑推导出来的……、前文提到现象的某些部分或方面。

◆ 1）人称代词

① Володя закурил... <u>Его</u> опять охватило волнение (Шукшин. Медик Володя). 沃洛佳抽起烟来……<u>他</u>又激动起来。

② 窑前，亮亮妈正费力地劈着一疙瘩树根；一个男孩子帮着<u>她</u>劈，是亮亮。（史铁生：我的遥远的清平湾）

❖ 2）物主代词或指示代词与名词的组合

① Морозов, похоже, хмелел, <u>лицо его</u> не розовело, а бледнело, он встал и заходил по комнате…(Бондарев. Тишина). 莫罗佐夫似乎喝多了，<u>他的脸</u>不是发红，而是变白了，他站起来，在屋里踱起步来……

② 凌大夫是细菌系的主任，59 岁，是一个老美国留学生。<u>他的出身</u>可能是一个旧的书香世家。（曹禺：晴朗的天）

❖ 3）指示代词 это（这是）表示整个已知情景

① Двадцать один выстрел прогрохотал над Петербургом. <u>Это</u> салютовала эскадра. 彼得堡上空响过了 21 次炮声。<u>这是</u>舰队鸣放礼炮。

② На этот раз бабка поняла вопрос и спокойно ответила:

– Вы спрашиваете, отчего ребенок плачет? <u>Это</u> всегда так бывает, успокойтесь (В. Короленко. Слепой музыкант). 这一次老太太听明白了夫人的问题，她平静地回答说："您是在问孩子为什么哭是不是？都是这样的，放心吧。"

③ 我听清楚了，儿子跟我说话的时候用的是你，而不是您。<u>这</u>让我反感，让我有种说不出的厌恶！（叶广芩：梦也何曾到谢桥）

❖ 4）前文中提到的任何现象

① В то лето я жил в маленьком северном городе. <u>Город</u> стоял на берегу реки. По <u>реке</u> плыли белые пароходы... (Ю. Казаков. Арктур – гончий пес). 那年夏天我住在北方一座小城。<u>城市</u>坐落在河岸。<u>河</u>上航行着白色的轮船……

（接上）

② 我淘完米坐下锅，便往下打量着嫂子。灶洞里透出的火光映照着嫂子的脸庞，这张脸已经全然看不见前几年渍着汗迹和脏水的窘况痕迹了。（林元春：亲戚之间）

❖ 5）前文意义逻辑推导出来的……

① Прошла неделя, и между ними завелась переписка. Почтовая контора учреждена была в дупле старого дуба (Пушкин. Повести Белкина). 过了一周，他们就通信了。信箱就定在老橡树的树洞里。

② 这个别墅区走的是高端路子，格调是欧洲风情。（李佩甫：生名册）

例①上文说到了 переписка（通信），下文的 почтовая контора（信箱）则在情理之中；同样，例②前句说到了"别墅区"，后句的"格调"属于与此相关的概念，自然可视作已知的信息了。

❖ 6）前文提到现象的某些部分或方面

① В дальнем конце сада стояла старая заброшенная мельница. Колеса давно уже не вертелись, валы обросли мхом (Короленко. Слепой музыкант). 花园的尽头有个闲置不用的旧碾机。轮子早就不能转动了，轴上长满了青苔。

② 这是一座8层高的哥特式教堂，中央穹隆，直径40.6米；穹顶离地，60.8米；钟塔高160米。（刘震云：一句顶一万句）

③ 这个人有点特别。他"全副武装"地穿着洋服，该怎样的就全怎样，例如手绢是在胸袋里掖着，领带上别着个针，表链在背心的下部横着，皮鞋尖擦得很亮等等。（老舍：牺牲）

2. 主位、述位与已知、新知的关系

主位、述位与已知、新知之间有很大的关联性：主位常表已知，述位常表新知，但它们之间并无对等关系。

已知还是新知，要根据上文来判断：上文提到了，下文里就是已知，反之则为新知。有些事物上文虽未涉及，但听话人可以确知说话人的所指，也可认定为已知。主位和述位则是根据本句说的。主位是句子的始发交际部分，它包含了交际对象。述位是句子的主要交际部分，包含对主位的叙述。主位、述位是主位结构的单位，而已知、新知属于信息结构单位。

总体来看，主位、述位与已知、新知的关系可以有以下几种对应类型。

❖ 1）主位里有新知成分

> ① Ей было семнадцать лет. Она была очень мала ростом, очень худа и с желтоватым, нездоровым цветом лица. <u>Шрамов на лице</u> // не было заметно никаких... (Л. Толстой. Юность) 她 17 岁了，身材很矮小，很瘦弱，脸色发黄，看上去不健康。脸上看不出<u>任何伤疤</u>……
>
> ② 陶渊明是我国晋代著名诗人。一天，<u>一个少年向他</u> // 请教学习的妙法。（解贞：陶渊明授学）

从上文可以看出，例①俄语的最后一句里，主位中含有新知 шрамов（伤疤）。例②汉语由于语言结构的制约，主位中含新知的不鲜见，如后句中的"一个少年"。

❖ 2）述位里包含已知信息

> ① Я // пошёл поговорить <u>об этом</u> с дядей (А. Гайдар. Судьба барабанщика). 我 // 去找叔叔谈<u>这件事</u>。
>
> ② 有人透露，岳拓夫很有可能被局党委提名为副局长。还有些迹象 // 似乎也证实了<u>这种传说</u>的可能性。（张洁：条件尚未成熟）

显然，例①述位中的 об этом（这件事）是已知信息，这种情况在俄语中并不少见。其原因在于"这"带有明确的已知信号，不会给理解带来任何困难。例②述位中的"这种传说"是已知信息。故俄文常把带 этот（这个）或 это（这件事）的成分后移到述位中。

❖ 3）主位和述位都是新知

这种情况一般出现在小说的开头，人物和事件都是第一次提到。例如：

> ① Кузница // стояла на краю села (Н. Грибачев. Кузница). 铁匠炉 // 在村子边上。
>
> ② 冰爷 // 去世了。（刘心武：冰爷）

这两个例子都是小说开头的一句话，自然没有已知可谈。但文学作品的特点就在于读者的意识里可以接受某个人或物为设定的客观存在，如这里事先预设有一个铁匠炉，它坐落在村边，以及有一个叫做"冰爷"的人物。

新知作为主位是一种开门见山的写法，免去了某时某地有某个人或物的多余陈述。试比较：

> ① В глухую полночь в богатой семье Юго-западного края родился ребенок. 一个深沉的午夜，在西南边区一户富人家里生下了一个男婴。

(接上)

> ② Ребенок родился в богатой семье Юго-западного края, в глухую полночь (В. Короленко. Слепой музыкант). 婴儿出生在西南边区一个富裕的家庭，正值午夜时分。

这里的例②是科罗连科小说《盲人音乐家》开头的第一句话，它没有像例①那样按照时间、地点、人物的顺序表述，而是直奔主人公，从这个婴儿的出生开始讲起，因为在读者心中已经有这样一个盲人音乐家，只是尚不知他是谁以及关于他的故事。

❖ 4）主位和述位都是已知

有的时候全句都是已知信息，句子只是确认一下前面的事实。

> ① Он лег спать с этими мыслями, но думал, что всё это пройдёт и он вернётся к старой жизни. Но старая жизнь // не вернулась (Л. Толстой. Казаки). 他带着这些想法睡下了，他以为一切都会过去，以为自己能够找回原先的生活。然而原先的生活 // 没有回来。
>
> ② 岳拓夫几步就撵上了小段。在学校的时候，同学们就这样叫他，因为班上数小段年龄最小。现在，小段已经开始谢顶，岳拓夫 // 还改不了这个口。（张洁：条件尚未成熟）

§4 倒装词序与主观词序

1. 两种倒置

所谓 "倒装词序"（обратный порядок слов），指句子成分的排列打破常规的顺序。（Розенталь и Теленкова 1976: 303）换句话说，"倒置"（inversion）指任何把 x + y 说成 y + x。（马修斯 2000：186）

词序倒置分为两种情况,一种是句法词序的倒装,一种是实义切分词序的颠倒。前者指句子成分的倒置,如主谓结构中主语置于谓语之后、动宾结构中宾格处于动词之前等;而实义切分的倒装指可切分句中主位与述位的顺序颠倒,与句法结构的倒装不是一回事。例如:

> В это время дверь отворилась, вошел Василий Лукич (Л. Толстой. Анна Каренина). 这时门开了,进来的是瓦西里·卢基奇。

第二句话先说谓语 вошел(走进来),后出现名词主语 Василий Лукич(瓦西里·卢吉奇),这个词序从句法结构看是倒装,但在实义切分里却是正常的词序:上文说到门开了,下文中走进人来就是已知信息,至于来人是谁,这是新知,应该后说。同样,句法的正装词序可能意味着实义切分的倒置。例如:

> Вдруг страшный треск послышался в лесу, шагах в десяти от них (Л. Толстой. Казаки). 突然,在树林里,离他们约十米远的地方,响起了一阵可怕的噼啪声。

这个句子在句法上是正装词序,即主语 страшный треск(可怕的噼啪声)置于动词谓语 послышался(响起)和状语 в лесу(在树林里)之前,但从实义切分来看,它是个倒装词序,即把主位和述位的位置颠倒了。这里的语境是:Оленин(奥列宁)和叔叔去森林狩猎,地点和人物都是已知信息,应该置于主位,但此处却把新知放在前面说,旨在强调该新信息。

句法词序与实义切分词序可能吻合,即句子的主语也是说话的话题,谓语同时是关于这个话题的叙述内容。例如:

> ① Вопрос о самобытности поэзии является центральным пунктом статьи. 诗歌的独特性问题是文章的要点。

这个句子的上文语境如果谈到诗歌的特性,那么这里关于诗歌

的特性问题就是主位，它与句法的主语完全一致。但是语境也可能
是另一种情况：上文的话题是这篇文章，此时该句子的词序应该是
这样：

> ② Центральным пунктом статьи является вопрос о самобытности
> поэзии (Ю. Тынянов. Архаисты и Пушкин). 文章的要点是诗歌
> 的独特性问题。

俄文的句子成分没有变化，主语仍然是 вопрос о самобытности
поэзии（诗歌的独特性问题），但词序却发生了大颠倒：谓语置于
主语之前。于是出现了主位与主语不吻合的情况，即句法切分和实
义切分不一致。从实义切分的观点看，以上两个句子都属于常规的
正装词序，因为它们都遵循着"已知→新知"的原则。

宾语通常在动词之后，但如果宾语表示已知信息，它就要置于
动词之前，充当主位。例如：

Меня влекло на Волгу, к музыке трудовой жизни (Горький.
Мои университеты). 我向往着伏尔加河，渴望听到劳动的乐章。

俄文句子里的 меня（我）是宾格，受动词 влекло（吸引）的
支配。此时实义切分的主位与句法结构的动宾词组顺序不一致：句
法结构是倒装，而实义切分是修辞中性词序。

在平常的、修辞中性的表述中，总是先说出话题（主位），然
后围绕它展开叙述（述位）。这种顺序叫做客观词序（объективный
порядок слов）或修辞中性词序（стилистически нейтральный
порядок слов）。但是在富有情感和表现力的言语中，客观词序可
能被打破，说话人急于说出最重要的信息，然后再补充该信息的
所指对象。在这种富于表情的言语中述位置于主位之前。这种词
序称为主观词序（субъективный порядок слов）或有表现力词序
（экспрессивный порядок слов）。试比较：

> ① Летние ночи не долги. 夏夜很短。（修辞中性词序）
>
> ② Не долги летние ночи! (И. Тургенев) 多么短的夏夜！（主观词序）

主观词序经常出现在口语中。口语本身就充满情感和表现力色彩，因此在口语中出现主位和述位倒置的情况是很正常的。

主观词序的句子中，词序已丧失区分主位和述位的功能，语调的功能凸现出来。我们知道，句子的信息中心在述位上，述位总是带句子的语调中心，即句重音。在客观词序中，句重音落在述位的最后一个词上，也就是全句的末尾词上。这是句重音的常态，因此不被人觉察。而在带有表现力的词序中，句重音由句末移至句首或句中，用这种方式将述位突出来。句重音前置不仅改变了调型中心的位置，而且可能伴有调型的变化。试比较：

> $\overset{1}{\text{Бои}}$ // были жаркие. 战斗很激烈。（修辞中性词序）
>
> $\overset{2}{\text{Жаркие}}$ были бои! 战斗异常激烈！（主观词序）

不可切分句也有表情修辞变体，即颠倒原有的中性修辞词序。语调上，原来的调型 -1 前移。例如：

> $\overset{1}{\text{Было}}$ тихо. 一片寂静。（修辞中性词序）
>
> $\overset{1}{\text{Тихо}}$ было. 静悄悄的一片。（主观词序）

需要指出的是，并非所有"新知→已知"的顺序都是主观词序，这里要排除一种情况，即由于语言的属性限制了话题展开的一般性规律，比如汉语里很多句子都不能先说已知信息，后说新信息，但这样的表述确属客观词序，因为说话人没有任何突出某个词语的主观意图。不仅汉语里有这样的现象，就连俄语这样的屈折语也不能完全遵循实义切分的词序。有时还会出现这样的情况：汉语的表

述是"已知→新知",而俄语却做不到。例如下面一个汉译俄的例子:

> 谢娘对我说六儿给我缝了一个好看的小布人儿,让我快过去看看。我说,<u>那娃娃穿的什么衣裳呀</u>?(叶广芩:梦也何曾到谢桥)
>
> Тетушка Се сказала, что Шестой сшил для меня красивую куколку, и велела быстрее пойти посмотреть.
>
> – А какая одежда <u>на куколке</u>? – спросила я. (Перевод Н. Сомкиной)

上文中提起"小布人儿",下文里俄文照理应该先说 куколка (布娃娃),但是却先用了 какая одежда(什么衣服)。这个词序的安排并非出自某种修辞目的,而是俄语的疑问句要求置于句首。反倒汉语更符合实义切分的词序原则,但也是说话人故意所为,两种语言皆由自身语言性质所决定的。因此,此处的俄语和汉语均属客观词序。

2. 修辞中性词序和主观词序的组合规律

主、述位的顺序在修辞中性词序和主观词序中有一系列规则。

◆ 1)修辞中性词序

a)主语充当主位。此时谓语置于主语之后。例如:

> ① Женщины засмеялись... (Н. Емельянова. Родня). 妇女们笑了……
>
> ② 三天后,爸爸收到了姐姐一封信。(张平:姐姐)

b)主语和谓语一起充当述位,则谓语置于主语之前,如表示自然现象的不可切分句:

① Пришла весна (Л. Толстой. Пришла весна). 春天来了。

② Была грустная августовская ночь (Чехов. Дом с мезонином). 这是八月里一个忧郁的夜晚。

③ Поет море, гудит город, ярко сверкает солнце... (Горький. Сказки об Италии). 大海在歌唱，城市在喧嚣，太阳光芒万丈……

④ 过了 10 年……．(张天翼：大林和小林)

⑤ 这天，下着大雪……（叶广芩：梦也何曾到谢桥）

c）如果句中有统管全句的时间和地点词，则该类词置于句首。例如：

① В полдень забежал внук Вит... (Б. Бедный. Старший возраст). 中午小孙子维佳跑来了……

② В зале шумели (С. Антонов). 礼堂里一片喧哗。

③ 我家后面有一块油菜地……（晓苏：三座坟）

在实际使用语言中，说话人要根据具体的语境安排词的顺序。例如：

Я возвращался домой полями. Была самая середина лета. Луга убрали и только что собирались косить рожь (Л. Толстой. Хаджи-Мурат). 我回家时经过一片田野。正是盛夏时节。地里的草已经收获了，正准备收割大麦。

这是小说的开头，共有 3 个句子，每句的词序都不同：第一句是主谓结构 я возвращался（我回家），第二句是谓主顺序 была середина лета（正值仲夏），第三句则以宾语开始 луга убрали（草收割完了）。从句法切分的角度看，第一个句子是正词序，后两个句子是倒词序。但从实义切分来看，3 个句子都是客观词序，没有说话人的主观色彩。

❖ 2）主观词序

主观词序也有其规律性。主位和述位顺序的颠倒叫做倒置，倒置又分为整体倒置和局部倒置。

整体倒置指所有词和整个句部与修辞中性词序相比都发生了颠倒，好比镜子映照的形象完全相反。例如：

① В пустыне вода делает чудеса. 在沙漠中的水能创造奇迹。（修辞中性词序）

② Чудеса делает вода в пустыне! 水能在沙漠中创造奇迹！（主观词序）

局部倒置只把述位的一部分移到句首。例如：

Прибежал чертенок на овсяное поле. 小鬼儿跑到麦田。

这里把动词谓语 прибежал（跑到）移到了句首，使主位 чертенок（小鬼儿）插在述位中间，发生了局部的倒置。

主观词序的发生有一系列影响因素。

a）语法因素

所谓语法因素，指句式的要求，即带有 как（多么）、какой（多么样）等字眼的感叹句要求把疑问词置于句首。此时实义切分原则让位于句法原则。例如：

① Я глядел на нее с недоумением и страхом. Как переменилась она в три недели! (Ф. Достоевский. Униженные и оскорбленные). 我迷惑惊恐地看着她。3 个星期里她的变化多大啊！

② Рассвело... Как хорошо в поле на рассвете! (Г. Троепольский. У крутого яра). 天亮了……黎明的田野多好啊！

③ «Нептун» был знаменитый пароход, на котором я мечтал прокатиться. Сколько раз мы ждали его, купаясь, чтобы с

（接上）

размаху броситься в волны! (В. Каверин. Два капитана).《海神》
是一艘有名的轮船，我一直就渴望着能坐一坐这艘轮船。我们
在河里游泳的时候，也常常希望它驶来，好乘势投入它所掀起
的浪花中，被滚滚的浪涛颠簸着多么好玩啊！

例①中，后句的已知是 она（她），因此应该置于句首。但由
于感叹句要求谓语紧跟在感叹词后面，故表示新知的 переменилась
（变化）提到 она 的前面，形成了主观词序。例②也是相似的情
况：后句里的 на рассвете（在黎明）是已知，应该先说，但语法上
要求感叹词 как хорошо（多么好）必须放在句首。例③把疑问词
сколько раз（多少次）置于已知信息 мы（我们）和 его（它）之前，
因为句子本身是一个感叹句。

b）语义因素

说话人想突出和强调某个事物，把它放置首位来说。被强调的
词可以是修饰语。例如：

'Славный был этот вечер... (Ф. Достоевский. Униженные и
оскорбленные). 这是个多么美妙的傍晚……

这个例子中的 славный（美妙的）是新信息，但作者为了强调
这个词，把它放到句子之首，突出性质意义。

突出的事物也可以是表示状态的，如下例中的副词：

Он перешел на другую кровать, сел, закурил, потом
потушил лампу и лег. Горько ему стало, потому что он
чувствовал: она от него уходит (Ю. Казаков. Двое в декабре). 他
换到另一张床上，坐下，点上烟，然后熄灯躺下了。他很难过，
因为他觉出她要和他分手了。

这个例子中第二句的词序本应是 ему стало горько（他感到痛

苦），却因为要强调 горько（痛苦），便把它提到其他两词前面。

　　表示事物意义的名词也可以被主观地放置在句首。例如：

> – Что в аудитории?
>
> – Экзамен идет.
>
> "教室里在做什么？"
>
> "正考试呢。"

　　这个例子中第二个句子的正常词序应该是 идет экзамен（正在进行考试），但为了强调"考试"这层意思，便把 экзамен（考试）提前。

　　c）修辞因素

　　与小说相比，诗歌的词序更自由，更不受实义切分的约束。这里主要是情感的表达，同时还要考虑韵律的需要。例如：

> Над глухою степью
>
> Бесконечной цепью
>
> В неизвестный путь
>
> Облака плывут.
>
> (И. Никитин. Тихо ночь ложится).
>
> 在空旷的草原上
>
> 一条无限的长链
>
> 向着不可知的远方
>
> 飘浮着朵朵白云。

　　这本是一个不可切分句。这类句子的词序通常是全句限定语开头，即本句的 над глухою степью（在空旷的草原上），接下来就应该是句子的谓语 плывут（漂浮着），然后才是主语 облака（白云），最后是其他宾语和状语。然而若严格按照"标准"词序，则诗歌的韵脚和意味将荡然无存。

§5 主语、主体、主位

这是 3 个不同性质的概念，应该加以区分。

1. 主 语

主语（подлежащее）是句法学的术语，是谓语的陈述对象。对于主语的认识，有 3 种不同的意见。一种根据与动词的关系确定主语，即主语是动词所说明的人或事（麦克米伦出版公司 2005：2091）、是行为的发出者（韦迈尔 2001：922；马修斯 2000：358）；另一种观点来自于词序，认为主语在谓语前（李行健 2004：1707；辞海 1980：1202）；第三种意见着眼于词的形态特征，即主语在语法上不依附于句子的其他成分（Розенталь 1976:290）。

与俄语相比，汉语里关于主语存在很大分歧，一个在俄语看来不成问题的问题，在汉语却有不小的争议。例如：

> ① Солнце встает на востоке. 太阳在东方升起。
>
> ② На востоке встает солнце. 东方升起了太阳。

这两个句子在俄语里句法成分相同：солнце（太阳）是主语，встает（升起）是谓语，на востоке（在东方）是状语，无论这几个词处在什么位置。除了语义原因以外，俄语很重要的是词形，该句中 солнце 是主格，应为主语；встает 是说明 солнце 的，动词要变为第三人称形式；на востоке 是名词的前置格，表示地点意义，做状语。汉语在确定上述两句的主语时有分歧。注重逻辑语义分类的学者认为"太阳"在两个句子中都是主语，而在坚持位置说的人看来，句①的主语是"太阳"，句②的主语则是"东方"。

2. 主 体

主体（субъект）指逻辑学中的判断对象，也叫"逻辑主体"

（логический субъект）或"逻辑主语"（логическое подлежащее）。
主体与主语有关系，但两者不是一回事。首先，主体可以是间接格
的形式，如以下俄语例子中的 Егорушке（耶果鲁士卡）就是第三
格形式，是动词 хотеться（要）要求的，表示主体不由自主的行为
或状态。

> Егорушке почему-то хотелось думать только о Варламове и
> графине... (Чехов. Степь). 不知为什么，耶果鲁士卡总要去想瓦
> 尔拉莫夫和伯爵夫人……

其次，主体常指动作的实施者，即施事，但施事不总是句子
的语法主语，有时作为底层的逻辑主语，如下面英文例子中的 the
dog（狗）：

> The cat was chased by the dog. 猫被狗追。

主体可以针对客体而言，一个是行为的发出者，一个是行为的
接受者。但是主体也可以是特征或状态的承载者，在这个意义上，
主体既可以是语义上的主体，也可以是语义上的客体。如下列句子
的主语也看作主体：

> ① Машина остановилась (В. Фоменко). 车停了下来。
>
> ② Эти глаза смотрели на него, эти губы улыбались ему...
> (Н.Тихонов. За рекой) 这些眼睛在看着他，这些嘴唇在朝他微
> 笑……
>
> ③ 全场的目光从钱工转向龚会计。（柯云路：三千万）
>
> ④ 店铺在十字路口…… （赵本夫：祖先的坟）

3. 主 位

主位（тема）是实义切分的术语，是叙述的话题和已知信息。
主位处在句子之首，与句子成分没有一一对等的关系。在"太阳在
东方升起"里，主位是"太阳"，而在"东方升起了太阳"中，主

位是"东方"。

主位有时也被称作"心理主体"（психологический субъект），意思是说话人心里所想的说话开头。（Розенталь 1976:350; Halliday 2000:31）罗森塔尔（Розенталь 1976:350）用一个示例说明主语、主体、主位的关系：

> Птица летит. 鸟儿在飞。

这句话的主语、主位、主体都是птица（鸟儿）。如果把上面两个词的顺序颠倒一下，变成：

> Летит птица. 飞的是一只鸟儿。

主语仍然是птица（鸟儿），行为者也是它，但是主位却变了：说话的出发点是有一个东西在飞，但飞行者为何物并不知晓，因此主位是летит（在飞），而птица（鸟儿）成了述位。

韩礼德（Halliday 2000:30-33）用另一个例子来说明主语、主体和主位的关系：

> The duke gave my aunt this teapot.

这句话的主语、主位和逻辑主体都是the duke（公爵），也就是说，the duke在语法上是主语，实义切分中是主位，在逻辑上是行为者。然而，如果这句话换一种说法，则三者关系发生了变化：

> This teapot my aunt was given by the duke.

这里this teapot（茶壶）还是主位，是叙述的出发点，但不再是语法的主语。这句的主语是my aunt（姨妈），而the duke既不是主语，也不是主位，但它仍然是逻辑主体，即行为的施事。

也有学者把主位和心理主体区分开来，比如俄罗斯学者阿鲁秋诺娃（Н. Д. Арутюнова）认为主位是交际主体，表示叙述的话题和对象，而心理主体是说话的出发点，是句子的开始。心理主体经常与主位吻合，但有时也可能不相同（Арутюнова 2002:498）。例如：

> В нашем селе у бригадира жена родила тройню. 我们村队长老婆生了三胞胎。

这句话的心理主体是地点状语 в нашем селе（我们村），主位是 у бригадира（队长），主语和行为主体是 жена（老婆）。阿鲁秋诺娃的区分有很大的实际意义，因为在语言的实际使用中，开头的词并不一定是谈论的对象。故我们在分析中也参考阿鲁秋诺娃的观点，并不把所有的首发词作为主位，而把是否作为叙述对象作为确定主位的重要依据。

主位作为叙述对象，其最恰当、最经常的表达方式是用名词或名词性成分。从句子成分的角度看，主位通常是主语，但也可能是谓语、宾语、状语等。

主语做主位：

> Он даже стихи сочинял, и <u>они</u> // тогда нравились приятелю... (Ю. Казаков. Двое в декабре). 他甚至写了一些诗，朋友很喜欢他的诗……

谓语做主位：

> 1 октября состоялось заключительное заседание конференции, на котором Молотов сделал обширный доклад. <u>Выступили</u> // и союзники (В. Карпов. Генералиссимус). 10 月 1 日举行了闭幕会议，会上莫洛托夫做了全会报告。他的盟友也做了发言。

宾语做主位：

> В город Анна Сергеевна являлась очень редко, большею частью по делам, и то ненадолго. <u>Ее</u> // не любили в губернии... (И. Тургенев. Отцы и дети). 安娜·谢尔盖耶夫娜很少进城，总是有事情才去，就是去了也住不久。省城里的人不喜欢<u>她</u>……

地点状语做主位：

> Минут через двадцать он вышел покурить на площадку. Стекла в одной половине наружных дверей не было, на площадке // разгуливал холодный ветер... (Ю. Казаков. Двое в декабре). 过了 20分钟他走到车厢连接处抽烟。一面车门的玻璃缺了，冷风直往连接处灌。

§6 实义切分的俄汉对比

根据实义切分的理论，句子的信息结构分为两个部分——主位和述位。主位代表了讲述的出发点，而述位代表了讲述的内容。一般情况下，一个句子通常要把前面提到的已知信息作为主位，使它在上下文中起到承上启下的作用。句首的一个成分既是句子信息结构中的已知信息，又是主述位结构中的主位，此时这个语言成分叫做主题，而句子中其余成分称为述题。句子成分的排列顺序通常先主题后述题，这是人们讲话的一般性规律，俄语和汉语都尽量遵守这个规律。但是，两种语言又各有自己的表达规范，句子词序的排列也各有特点。下面我们试从俄语的角度进行分析，同时讨论汉语与俄语的异同。

1. 主位在句首

这里讲的句首，是针对衔接句而言。我们知道，俄语由于词序比较自由，可以根据上下文的要求，调整词的顺序，做到先主位后述位。汉语因为无丰富的形态变化，在表达上首先要考虑句子结构是否符合语言规范，不能一味追求主、述位的先后次序。例如：

> Несколько человек остановились. Остановился и Гринька (В. Шукшин. Гринька Малюгин). 有几个人停了下来。格林卡也停下来了。

这里，第二句话中的已知信息是 остановился（停下来了），因为前句中已经提到了"停下来"，而动作的发出者 Гринька（格林卡）是述位，它告诉人们停下来的是谁。因此，按照主位在前述位在后的原则，这里将 остановился 排在主语 Гринька 的前面。而汉语则不能这样处理，因为汉语的规范不允许将这个句子的主语和谓语颠倒（虽然这句话也可以说成"停下来的还有格林卡"，但这样的句子听起来不太符合我们的表达习惯）。

① А вечером Нине приказом по строительству была объявлена благодарность, и монтажники один за другим приходили поздравлять ее. Пришел поздравить и Арсентьев (С. Антонов. Первая должность). 晚上，尼娜受到工地的通令嘉奖。工人们一个接一个地来祝贺她。阿尔先季耶夫也<u>前来道贺</u>。

② Дверь отворилась, и <u>вошла</u> Наташа (Ф. Достоевский. Униженные и оскорбленные). 门开了，<u>进来的是娜塔莎</u>。

③ Дверь отворилась, и на пороге <u>явился</u> сам князь Валковский своею собственною особою (Ф. Достоевский. Униженные и оскорбленные). 门开了，<u>出现在门口的是瓦尔科夫斯基公爵本人</u>。

例①与前面"停下来"情形相似。例②和例③的情形相似，都是先讲门开了，然后才说走进来一个人。根据实义切分理论，既然前面说门开了，后面的已知信息就是"走进来"，至于是谁，那是新的信息。俄语就是按照这个推理来安排词序的。但是汉语却不同：汉语不大习惯把这种句子的主、谓语对调，除非特别强调的时候。

① 这样漂亮的家庭用具，是西北的小县城里没有见过的。秀芝早就想有一个像样的<u>泡菜坛子</u>……（张贤亮：灵与肉）Такой красивой посуды никогда не видали в его маленьком поселке на

（接上）

далеком Северо-Западе. <u>Кастрюльку</u> давно хотела Сючжи…
(Перевол А. Монастырского)

② 气恼。凡是公共汽车的乘客都难免气恼。（刘心武：公
共汽车咏叹调）Раздражение. <u>Его</u> испытывает каждый, кому
приходится ездить автобусом (Перевод В. Сорокина).

在这两个例子里，已知信息分别是"泡菜坛子"（前句中"漂
亮的家庭用具"就是指泡菜坛子）和"气恼"。因此，俄语按照自
己的语篇规范把已知置于句首。

2. 第二主位在句首

在实际交际中，句子中可能会有两个主位：一个是已知的事物，
称为第一主位；另一个是本句的描述对象，是这句话的出发点，叫
做第二主位。当第一主位表示人时，俄语里经常把第二主位提到句
子的首位。这里分为 3 种类型。

◆ 1）第二主位是动词谓语

① На краешке берега, возле старой ветлы, стоят двое – отец
и сын, – тихонько переговариваются. <u>Взглядывает отец</u> на сына
и дивится… (В. Липатов. Капитан «Смелого»). 在岸边的一棵老
柳树旁站着两个人——父子俩——在低声交谈。<u>父亲看着</u>儿子，
十分惊诧……

② Странное слово! <u>Прожил я</u> на земле ровно восемь
лет и три месяца, но ни разу не слыхал этого слова (А. Чехов.
Устрицы). 奇怪的词！<u>我</u>在世上活了足足 8 年 3 个月，可是这个
词却一次也没听到过。

（接上）

③ 每天天还没亮，韩冬生就从床上爬起来。<u>他住在北京</u>一条古老的胡同里的一个小杂院里。（刘心武：公共汽车咏叹调 ） Каждое утро он встает до рассвета. <u>Живет он</u> в глубине старинного переулка, в традиционном пекинском дворике… (Перевод В. Сорокина).

④ 她吃惊地眨了几下眼睛，忽然咯咯地笑起来。<u>她笑得那</u>么开心……（张抗抗：夏）Прикрыв от удивления глаза, Чэньлан внезапно рассмеялась, <u>смеялась она</u> искренне… (Перевод Ю. Сорокина).

2）第二主位是形容词或形动词短尾

① Я упомянул уже прежде, что он был вдов. <u>Женат был</u>
<u>он</u> еще в первой молодости… (Ф. Достоевский. Униженные и оскорбленные). 我在前面已经提到，他是个鳏夫。他在青春年少时就<u>娶了亲</u>……

② Один из них был очень молодой и моложавый парень. Еще безбородый, с едва пробивающимися усиками и с усиленно глуповатым выражением лица. <u>Одет он</u> был франком… (Ф. Достоевский. Униженные и оскорбленные). 其中一个十分年轻，脸面也长得很嫩的小伙子，还没有长胡子，嘴唇上刚长出一些绒毛，一副蠢相。<u>他一身纨绔子弟的打扮</u>……

3）第二主位是名词主语

① Он все улыбался и хихикал. <u>Товарищ его</u> был уже лет пятидесяти… (Ф. Достоевский. Униженные и оскорбленные). 他

（接上）

一直面带笑容，还吃吃地笑。他的同伴已经五十左右……

② В минуту прощанья я отвел ее в сторону, чтобы сказать ей что-то ужасно важное; но язык мой как-то вдруг онемел и завяз (Ф. Достоевский. Униженные и оскорбленные). 分别的时候我把她叫到一边去，想对她说一件非常重要的事；可是我的舌头不知为什么突然麻木了，粘住了。

③ 韩冬生今年 31 岁。他父亲是一家饭馆的"白案"。（刘心武：公共汽车咏叹调）Хань Дуншэну шел тридцать первый год. Отец его служил поваром второй руки в захудалом ресторанчике (Перевод В. Сорокнна).

④ 我吓了一大跳，慌乱地抬起头来，偏偏同她的眼光相遇了。那双晶亮的眼睛坦率而勇敢……（张抗抗：夏）Мне стало не по себе, в растерянности я поднял голову и, как нарочно, встретился с ней глазами. Глаза у нее прозрачные и доверчивые… (Перевод Ю. Сорокина.)

　　总体来看，俄语多强调形式上的连接，而汉语更注重意义上的联系；俄语富于变化，衔接时尽量变换手法，汉语则比较多地依靠词汇重现手段，但重现的形式也会根据上下文而有所不同。两种语言在语篇衔接上的差异并不表明孰优孰劣，只是各自有着不同的表达习惯和规范罢了。按照俄语的修辞观 —— 从古代雄辩术到今天的功能语体学说 —— 词语在一个上下文里反复使用会导致言语表现力的降低，因此在语篇衔接上俄文作者总是力求避免单纯的词汇重现。汉语修辞则首先强调语句通顺连贯，要求表达明晰、准确、简练，因此无论句子怎样连接，都不应该给读者造成理解上的障碍。总之，相同的内容、近似的思想，在俄语和汉语里会有完全不同的表现形式，语篇衔接也不例外。

第二章　句际衔接

§1 句际衔接手段概述

语篇是大于句子的交际单位。除非极个别的情况，通常一个语篇要由若干甚至很多的句子组成。这就必然涉及句子与句子之间的衔接问题。换句话说，语篇要表达一系列的事件、事实、行为，各个事件之间存在着某种联系，这些联系要用语言手段表达出来，而表达句子之间联系的手段就叫句际衔接手段（межфразовые средства связи）。

句际衔接手段术语是俄罗斯学者提出的。洛谢娃（Лосева 1980:15-57）在她的著作中详尽描述了各种句际衔接手段。她把这些手段分为通用衔接手段和纯句际衔接手段两大类别。

所谓通用句际衔接手段（общие средства межфразовой связи），指既可以用来连接复合句，也可以用于连接独立句子的手段，如连接词、语气词、插入语、动词谓语的体时形式、代词、同义词等；而纯句际衔接手段（собственно межфразовые средства связи），指只用来连接各个独立句子的手段，如单句中语义不完整的词和词组、词语重复等。

韩礼德和哈桑（Halliday, M.A.K & Ruqaiya Hasan 2001:31-292）把语篇衔接手段分为语法衔接和词汇衔接两种。前者包括照应（reference）、替代（substitution）、省略（ellipsis）和连接（conjunction），后者则包括词汇重复（reintegration）和搭配（collocation），词汇

重复又包括重复（repetition）、同义（synonym）、类种词（hyponymy）。

卡特（Ronald Carter 1997:172-188）等也把衔接分为词汇和语法两种。词汇衔接包括直接重复（direct repetition）、同义词（synonyms）、类种词（super ordination）、反义词（antonyms）、特殊／一般照应（specific-general reference）、序列（ordered series）、总分（whole-part）。语法衔接分为人称代词照应（personal pronoun reference）、指示照应（demonstrative reference）、比较照应（comparative reference）。

我国的一些语篇研究者（廖秋忠 1986；陈平 1987；徐赳赳 2003）把句际衔接手段称作回指（anaphora），意思是指向前面已经过去的表述。陈平（1987：363~377）把回指现象归纳为三大类：名词回指、代词回指和零形回指。我们在句际衔接手段分类上大体也划分出这几个类型。例如：

> 这是潘先生第二次来到仲良家里。_他_穿着一身黄色的邮递员的制服，_0_ 进了门也不说话，_0_ 只是朝_仲良_点了下头。_仲良_让秀芬去外面转转。_潘先生_扭头看了眼关上的门，_0_ 慢慢走到桌前……（昇愚：邮递员）

这段话语里包含7个小句。第一句点出人物——"潘先生"和"仲良"；第二句用代词"他"照应前句的"潘先生"；第三、四两个句子继续讲潘先生，人物不变，故把指称词省略，用零形式回指；第五句再提"仲良"，因为话题已从"潘先生"过渡到"仲良"，故须用名词回指，否则用"他"指代不清；第六句叙事对象再次转回"潘先生"，再用名词回指；第七句对象不变，用零形式。

由此可见，在具体的语境和上下文中，交替使用各种句际衔接手段，而每个手段的运用，都受到语境、人物对象、语法、修辞等一系列因素的影响。一般来说，作者在选择句际衔接手段时考虑以下因素：

（1）无歧义性。语境越复杂、人物数量越多，连接手段的选择难度越大。无论怎样，语篇的第一要务是表达事物，因此把问题说清楚，不给读者或听者造成额外的理解负担，这是言语表达的基本要求，也是选择句际衔接手段的主要出发点。

（2）多样性。在保证正常、顺利交际的前提下，句际衔接手段应力求新颖和变换。除法律文本和科学著作外，文学、报刊、政论等体裁都要求表达手段的多样性，避免机械而单调的重复。

（3）为修辞服务。句际衔接手段绝不仅仅起着衔接句子的功能，不少情况下，它们直接参与表达创作意图和思想理念信息，用来造成语篇的主观情态和修辞情感表现力色彩。

（4）受到语言内在体系的制约。在不同的语言中，由于语言体系自身的差异，某些句际衔接手段使用频率较高，而在另外的语言中则可能受到各种限制，比如代词照应手段在俄语里运用非常广泛，因俄语的代词 он（他，它）、она（她，它）、оно（它）、они（他们，她们，它们）可以任意指代上文提到的阳性、阴性、中性或复数的名词,而汉语的"他""她""它"有明确的指人或指物区别。

§2 代词回指

回指也称照应或指同，是说语篇引出人或物以后再次提及这个人或物。回指的形式很多，但大体上归为 3 类：名词回指、代词回指和零形回指。举两个例子：

> ① <u>李先生</u>笑了笑，捏着那信纸又只管出神。<u>大儿子和少奶</u>
> <u>奶</u>咬了一会耳朵，就悄悄地溜出了大门。<u>李先生</u>知道<u>他们</u>又是
> 看影戏去了。（茅盾：微波）
>
> ② Откуда-то упал <u>кирпич</u>. <u>Он</u> ударился о стену, точно <u>его</u>
> кинула атлетическая рука, и развалился на куски (Н. Тихонов.
> Ленинградские рассказы).

例①中，"李先生"和"大儿子、少奶奶"第一次提到时，称为先行词；后面的"捏着那信纸只管出神"和"悄悄地溜出了大门"分别指"李先生"和"大儿子、少奶奶"的行为，但人物没有被再次提及，所以叫做零形回指；第三句的"李先生"重复前面的先行词，这称作名词回指；"他们"指代"大儿子、少奶奶"，叫做代词回指。例②的 4 个小句里都叙述一个共同的事物，即 кирпич（砖），第二句的主语 он（他）、第三句的补语 его（他）和第四句的零形式都是回指形式。

代词回指无论在俄语还是汉语里都是十分积极的语篇衔接手段。索甘尼克（1993）称链式代词联系（цепная местоименная связь）是语篇衔接中最牢固的一种连接形式；洛谢娃（Лосева 1980: 19）说，在任何一个语篇中，如果不是第二句，最多第三句或第四句就一定会用代词与前面的句子相连接。王灿龙（2000：228）更加断言：在现代汉语照应系统中，人称代词"他"是使用频率最高的照应语形式之一。可见，代词在语篇衔接中占有重要的位置。

1. 代词回指词的类别

代词的种类很多，但并非所有的代词都具有回指功能，像"谁""你""哪""я（我）""никто（无人）"这类词都不能用来替代别的实词或词组，也就谈不上回指。一般认为，汉语里的代词回指词只有"他""她""他们""她们"等少数几个人称代词，而且仅限于第三人称，因此徐赳赳（2003：107）、王灿龙（2000：228）等人干脆以"他"来表示代词回指词。大体来说，俄语里用作回指的有下列几种代词。

◆ 1）人称代词

前面已经提到，用作回指词的人称代词一般仅限于第三人称，包括单、复数两种。这里需要指出的是：俄语里人称代词的使用频率远远高于汉语，这是因为俄语的 он、она、оно、они 不仅可以替代表示人物的名词，而且还能回指一切性、数相同表示事物的名词。我们看两个俄汉互译的例子：

> ① <u>Глаза ее</u> ищут кого-то. <u>Они</u> ищут меня (Ю. Казаков. Голубое и зеленое). <u>她的眼睛</u>在找什么人。<u>她的眼睛</u>在找我。
>
> ② 我们兴致勃勃地谈起<u>文学</u>来。好像<u>文学</u>有一种魔力……（张 抗 抗：夏）Мы начали весело и оживленно говорить о <u>литературе</u>. В <u>ней</u> словно была какая-то демоническая сила… (Перевод Ю. Сорокниа).

例①的始发句用了名词 глаза（眼睛），后续句就没必要再重复这个词，而只需代词 они（它们）就可以了。读者一看到 они，立刻就会根据它的语法特征（复数）往回（左）搜寻，直到找到它所替代的词为止。但是，汉语的情况却完全不同：汉语里表物的代词"它（们）"不具备这样的替代功能，"它"通常不能作为积极动作的发出者，所以后续句不可以译为"它们在找我"。例②也是同样的情景：当汉语必须用两个相同名词"文学"作为同指时，俄语则可以把其中的一个换为代词。代词的这种用法在俄语里俯拾皆是，因此导致俄语的代词使用频率远远超过汉语。

❖ 2）物主代词

汉语里对代词不作人称或物主之分，当需要表示所属关系时，只要在被说明词前加上"的"字，或干脆依靠词序及上下文意义就可解决，如"他的父亲""他父亲"。而俄语表示相应意义时要使用物主代词。关于物主代词回指的详情这里不予赘述，我们只想提及一下它的词序特点。先看两个俄汉互译的例子：

Чарский был один из коренных жителей Петербурга. Ему не было еще тридцати лет; он не был женат; служба не обременяла его. Покойный дядя его, бывший вице-губернатором в хорошее время, оставил ему порядочное имение. Жизнь его была очень приятна… (А. Пушкин. Египетские ночи). 恰尔斯基是彼得堡的一位本地居民。他还不到30岁，还没成亲，公务也不繁重。他过世的叔叔显赫时曾经当过副省长，给他留下一个相当规模的庄园。他的日子过得很惬意……

上述例子里俄语的物主代词被移到它所说明的名词后面，即部分倒装词序。这种用法的目的是为了突出名词，把它作为后续句的主题。而汉语无法照此办理（词序颠倒后意义不通），所以仍须采用正常的"物主代词＋名词"的表述方式。

❖ 3）指示代词

汉语和俄语里都有指示代词，如"这""那""этот（这）""тот（那）"等，但汉语的指示代词不能单独用作回指词，比如不可以说"他有一座乡间别墅，这在离城不远的地方"，而只能说"这幢别墅在离城不远的地方"。这种用法实际上已经不是代词回指，而属于名词回指，指示代词不过起到辅助的作用。俄语则不然。俄语里的тот (та, то, те)（那）、этот (эта, это, эти)（这）能够在不重复前面名词的情况下单独连接句子。例如：

① Она зажмурилась в улыбке и, вспомнив о Танечке, пошла ее будить, хотя та как будто бы и не спала… (Г. Семенов. Голубой дым). 她笑得眯起了眼睛，于是想起了塔涅琪卡，就去唤醒她，其实塔涅琪卡似乎根本没睡……

② 贾大真扭头看看崔景春，表示这句话是问崔景春的。崔

（接上）

> *景春*平淡地说……（冯骥才：啊！）Цзя Дачжэнь повернулся
> в сторону Цуй Цзинчуня, показывая этим, что вопрос был
> адресован ему. Тот ответил равнодушно... (Перевод В.
> Сорокина)

这里俄文的回指形式是指示代词，而汉语是原形名词。为什么
俄语用 тот (та) 而不用 он (она)？为什么汉语要重复名词而不用代
词回指？问题在于，上述两个例子里都有两个性别相同的人物 она
（她）和 Танячка（塔尼亚奇卡）以及"贾大真"和"崔景春"，假
如用 он（она）或"他（她）"回指，读者势必无法判定指的是谁。
因此无论俄语还是汉语都不能用人称代词回指。但是，俄语除了
он（она）以外，还有一个指示代词 тот (та)，恰好用来回指前句中
处于间接格的名词，这样既避免了名词的重复，又保证不产生误解。
而汉语里没有这种方便的连接手段，所以汉语只好用名词重复的方
式。需要强调的是，一定要有两个人物时才用 тот 回指前面处于间
接格的名词，如果人物单一，则无此用法。试比较：

原文

> Был еще дядя, военный человек, майор. Тот рассказывал
> Тасе военные истории... (Н. Давыдова. Любовь инженера
> Изотова).

改文

> ... Он рассказывал Тасе военные истории...

这里始发句中的人物只有一个，且不是间接格的形式，因此后
续句完全可以用人称代词 он 来替代前面的名词，用 тот 反而是错
误的。

指示代词 этот 的用法与 тот 略有不同：它所回指的名词既可以

处在主格，也可以是间接格，译成汉语时要在"这个"后面加上前面出现过的名词。例如：

> ① Идет другой <u>самолет</u>. Немцы сегодня упорны. <u>Этот</u> вертится над районом, как бы ища минуту, когда будет перерыв стрельбы (Н. Тихонов. Ленинградские рассказы). 又来了另一架飞机。德国人今天很顽固。<u>这架飞机</u>在地区上面盘旋，似乎在寻找地面炮火停息的片刻。
>
> ② Главный лесовод Михаил Алексеевич Кривошеин, полный седой мужчина, представил нам оказавшегося в его кабинете <u>лесничего</u>. <u>Этот</u> был, напротив, молодой, высокий… (В. Солоухин. Владимирские проселки). 总林艺师米哈伊尔·阿列克谢维奇·克里沃申是个鬓发斑白的胖男人，他把坐在他办公室的林管员介绍给我们。这位林管员正好与他形成对比，是个高个子的年轻人……

从这两个例子中我们看到，俄语能够用"光杆"的指示代词回指，而汉语在此情景下必须在指示词的后面再重复原词。这里还要指出，在俄语里也有"этот ＋ 名词"的回指现象，而且这种用法的使用频率远远高于单个的 этот。在独立充当回指手段时，тот 用得更多一些。

2. 代词回指的制约因素

名词、代词、零形 3 种回指形式各有各的特点，各有各的功能，它们有机地交织在一起将句子连接成完整的语篇。一般来说，话语的开头总是用名词引出人或物，然后便用代词回指，或者用空位（零形）衔接。但这仅仅是一般性的规律，实际上语篇是相当复杂的系统，回指方式往往受到各方面因素的制约。

◆ 1）指称对象因素

一篇话语通常不会只有一个人物，当人物众多时便产生了怎样衔接的问题：是用名词，还是代词，或者用零形式？人物的数量以及人物的性别对回指方式是否有影响？

a）人物的数量

语篇中人物的多寡直接决定了回指的形式：当人物单一时，通常趋向于多用代词，这样既方便简练，又不存在歧义误解的可能性。我们看俄汉语中两个修改的例子：

①

原文

这个人脑筋很清楚，我方才跟这个人谈了一回。（曹禺：雷雨）

改文

……我方才跟他谈了一回。

②

原文

Сразу после окончания института Нина Кравцова получила назначение на строительство высотного дома. Нина жила вместе с родителями в одном из тихих, мощенных булыжником московских переулков (С. Антонов. Первая должность).

改文

… Она жила вместе с родителями…

例①里只提到一个人物，因此后续句完全可以用"他"来回指前面的"这个人"，像原文那样重复名词词组"这个人"反倒让人费解：是指前面那个人还是另有所指？例②里也只有一个人物，用代词意义就十分清楚了。

但是，如果语境中有两个以上的人物，而且他们的性别相同，代词回指就可能引起一定的麻烦。我们再看两个作家修改的例子：

①

原文

　　杨二妮吼了一声，抱着机枪跳起来，冲着那个当官的掉过枪口，一下子把那人摞倒。<u>他的</u>前胸忽然一震，机枪从他怀里掉下去，一个筋斗栽倒下去。（杨朔：血书）

改文

　　……一下子把那人摞倒。<u>杨二妮的</u>前胸忽然一震……

②

原文

　　Тот комиссар, которому Малинин после боя на кирпичном заводе лично отдал письменное объяснение Синцова и через которого потом запрашивал об учетной карточке, теперь лежал в госпитале. Тогда <u>он</u> сказал про Синцова, что дело ясное, пусть воюет… （К. Симонов. Живые и мертвые).

改文

　　…Тогда <u>тот комиссар</u> сказал…

　　例①中有两个人物 —— "杨二妮"和"那个当官的"，后续句若像原文那样用"他"来回指，势必难以判定指的是谁。例②中也是类似的情况：原文里的 он（他）可能指 тот комиссар（那位政治委员），也可能是 Малинин（马里宁），改做名词回指以后歧义就排除了。由此可见，当上下文中有两个以上相同性别的人物（或相同性的事物）时，无论汉语还是俄语都不能用人称代词回指。汉语需要用名词重复的方式，而俄语除了名词以外还可以使用指示代词。

　　如果两个人物中有一个已经在后续句里用了名词形式，则自动排除了歧义的可能性，因此另一个人物可以用代词回指。试比较：

原文

В свои первые соревнования Алексей провалился, не занял никакого места, даже последнего. Но Иван Иванович верил в Алексея (Н. Давыдова. Любовь инженера Изотова).

改文

В своих первых соревнованиях Алексей провалился, занял последнее место. Но Иван Иванович верил в него.

这里的后续句虽然有两个性别相同的人物，但因其中一个已经以人名的形式出现，另一个就自然可以用代词替代了。

b）人物的性别

人物的性别也会影响到回指的方式。前面我们看到：如果语境中有两个性别相同的人物，回指时要考虑到是否会产生歧义。现在我们来看一下性别不同时的情形。先看两个俄文修改的例子：

①

原文

Тася была расстроена, видя, что Алексею не по себе в этой компании. Алексей сидел молча... (Н. Давыдова. Любовь инженера Изотова).

改文

... Он молчал.

②

原文

Маша была прежде всего испугана его присутствием, верней тем, что она почувствовала, увидев его. Маша вдруг почувствовала, что это не тот далекий Ваня Синцов, с которым

(接上)

она несколько раз целовалась... (К. Симонов. Живые и мертвые).

改文

...Она вдруг почувствовала, что это не тот, прежний Ваня Синцов, с которым она целовалась...

这两个例子的语境近似，都有两个性别不同的人物。原文中用的是名词回指，修改时觉得这样不妥，换成了人称代词。对比两个版本，修改后的意思同样是清楚的，一点不会引起误解，而且表述清晰简明。可见，当人物性别不同时，俄语完全可以用代词来回指。那么汉语的情况怎样呢？让我们再比较两个俄汉互译的例子：

① И она покраснела за отца. Он тотчас же понял это и также покраснел (Л. Толстой. Анна Каренина). 她为父亲脸红。父亲立刻觉察了，脸也红了。

② 传达室的工人去把组织部的秘书赵慧文叫出来。赵慧文紧握着年轻人的两只手说…… （王蒙：组织部来了个年轻人）Вахтер вызвал сотрудницу оргтдела Чжао Хойвэнь. Она пожала руки молодому человеку и сказала...

这里与前面的情景类似，都是语境中有男女各异的人物，在俄文里都可以用代词替代名词。但汉语却不能这样处理：例①在译成汉语时使用了名词重复方式，因为汉语不能说"她为父亲脸红。他立刻觉察了……"，这不符合汉语的表达习惯。同样道理，例②的始发句和后续句都用了"赵慧文"，但译成俄语时却用代词换掉一个名词。为什么在这类情景中汉语不使用代词回指？我们认为原因有两个：(1) 汉语的"他""她"是同音词，在听觉上不好辨认；(2) 当始发句里两个表示人物的名词中有一个处在非主语位置时，

66

回指时应该使用名词而非代词。关于后一种因素我们在下面的"主语倾向性"里还要讲到。

❖ 2）语法结构因素

前面我们考察了指称对象对回指形式的影响，这是从语境的角度出发的。另一方面，语言自身的结构特点也能决定同指的表达方式。

a）句式的转换

这里指俄语特有的现象。我们知道，在汉语里如果上下文中讲的是一个人物，且他一直作为这段表述的主题，那么多倾向于使用零形回指的方式。（许余龙 1992：249）而俄语因为受到句子结构的限制，往往要在适当的地方加进代词。对比一个实例：

> 这几天来，方鸿渐白天昏昏想睡，*0* 晚上倒又清醒。早晨方醒，听见窗外树上鸟叫，*0* 无理由地高兴，无目的地期待，*0* 心似乎减轻重量，直升上去。（钱钟书：围城）В последнее время Фана днем клонило ко сну, и только к вечеру <u>он</u> приободрялся. По утрам же, заслышав щебетанье птиц, <u>он</u> испытывал беспричинную радость, чего-то ожидал, сердце <u>его</u> рвалось куда-то вверх (Перевод В. Сорокниа).

这个例子里汉语只在开始时点出人物，后面一律用零形回指，因为各个句子的主题都是同一个人物。而在俄语里，虽然意义没有变化，但涉及不同句式，便不可用省略一贯到底。始发句中 Фана（方鸿渐）是第四格，到下一个句子要用第一格来指称他，所以代词主语 он 必须出现；接下来用了副动词短语结构，这又要求句子中要有主语，于是 он 再次出现；而在最后一句里主体由主语转变为定语，使得物主代词 его 不得不显现。由此我们不难看出，句子类型和句子成分也是代词省略与否的重要因素。下面再看两个俄语里修改的例子：

①

原文

　　Морозов выпил снова, покривился, лицо _0_ не розовело, а бледнело, _0_ встал и заходил по комнате… (Ю. Бондарев. Тишина).

改文

　　Морозов, похоже, хмелел, лицо <u>его</u> не розовело, а бледнело, <u>он</u> встал и заходил по комнате…

②

原文

　　Идет по улице седой усатый человек, на <u>нем</u> полувоенный костюм, на голове у <u>него</u> форменная фуражка, на ногах запыленные сапоги, и неизвестно отчего _0_ хохочет (В. Липатов. Смерть Егора Сузуна).

改文

　　…на голове _0_ форменная фуражка, на ногах запыленные сапоги, и неизвестно, от чего <u>он</u> хохочет.

　　例①里始发句的主语是 Морозов（莫洛佐夫），接下来主语变成了 лицо（脸），此时若没有物主代词 его 衔接，与前句的关系就不明确；再往后主语又重新回到人物身上，从语法关系来看，句子不能自动承续前面的主语，因此要求主语必须出现，代词 он 也就不能省了。例②也是先用名词引出人物，接下来的二、三、四句都描写他的服饰，并且都是表穿戴的词作主语，句子结构相同，因此在前面用了 на нем，后面就不必多次重复这个代词了。但是，在最后一句里主语又回到了人物身上，代词 он 必须出现。

b) 主语倾向性

这是指汉语中回指的一种特殊现象。王灿龙（2000：231）认为，当始发句中的宾语或定语成为后续句的话题时，无论它们与后续句的主语距离多么近，都必须使用名词形式而不能用代词，也就是说，代词回指的必须是前面句子中的主语，否则就只能使用名词回指，这就是所谓的主语倾向性。例如：

原文

Она заговорила об отце. Ее отец был стар и тяжело болен (Н. Давыдова. Любовь инженера Изотова). 她谈到了父亲。她的父亲上了年岁而且患有重病。

改文

…Он был стар и тяжело болен. 他上了年岁而且患有重病。

按照汉语的规则，这个例子一定要用名词回指，因为始发句中的宾语到后续句里变成了主语和主题，即"她谈到了父亲。她的父亲上了年岁而且患有重病"。但是，俄语却可以完全不遵守这个框框，在修改时用了 он（他）来回指。

那么，这是否意味着只要语境中有两个人物，不论他们在始发句中充当什么成分，俄语都可以用代词替代呢？显然不是，因为我们在前面已经指出，如果有两个以上性别相同的人物时，回指不能用人称代词，而须采用其他形式。所谓"其他形式"，包括名词重复。下面看两个俄汉互译的例子：

① Он смеялся и говорил, а сам между тем пугливо и подозрительно посматривал на Соломона. Тот стоял в прежней позе и улыбался (А. Чехов. Степь). 他连说带笑，同时胆怯疑惑地看着索洛蒙。索洛蒙还是先前那姿势站着，也笑着。

(接上)

> ② 散会以后，赵昌立即把吴仲义会上的反应汇报给<u>贾大真</u>。<u>贾大真</u>马上做出决定……（冯骥才：啊！）После митинга Чжао Чан тотчас же сообщил <u>Цзя Дачжэню</u> о том, как вел себя У Чжунъи. <u>Тот</u> немедленно принял решение…(Перевод В. Сорокина).

这两个例子里都分别有两个性别相同的人物，因此都不能用 он（他）或 она（她）连接，因为那样读者无法判断所指。此时能够起到分辨作用的，除了名词重复以外，只有指示代词 тот（那），它表示该词的先行词在那个句子中不是主语。汉语里指示词"这""那"没有这种用法，因此必须用名词回指。

◆ 3）篇章修辞因素

前面我们提到了人物数量、性别以及句子结构等因素对代词使用的影响。那么，如果人物关系比较简单、句子结构也不复杂，是否意味着可以连续使用代词？可以连续使用多少个代词？从篇章修辞的角度对此是否有一定的限制？俄语和汉语之间有无差异？我们作了一项对比统计，分析的客体是赵树理的小说《登记》（第一节）及其俄语译文，统计的对象为 3 个主要人物（张木匠、小飞蛾、艾艾）在两个同指名词之间代词的使用数量。具体做法是：找到一个人物的名字以后，往右数直到再次出现该人物的名字，同时找出这两个名字之间表示该人物的代词数量。统计结果如下：

两个名词间的 代词个数	《登记》原文	俄译文 （译者B. Рогов）
0	95	78
1	9	30
2	6	6
3	1	7

两个名词间的 代词个数	《登记》原文	俄译文 （译者В. Рогов）
4	0	5
5~6	0	各1
7~8	各1	0
9~10	0	0
11~12	各1	0
13~14	0	0
15	1	0

从表中我们看到，无论汉语原文还是俄语译文，在两个同指名词之间没有同指代词的数量最多，这与人物是否频繁变换有关。在《登记》中，3个主人公交替出现，因此当叙述对象不断转换时，必然要求多用名词而不用代词来连接。但是，同时我们也看到，在内容相同的情况下，俄语比汉语更多使用代词回指：汉语里两个同指名词直接相连的情况（代词个数为0）高达95个，而俄语降到78个；在两个同指名词之间插入一个表示该人物的代词数量在汉语只有9个，而俄语增加到30个。另一方面，俄语里没有连续使用7个以上代词的情况，而汉语里最高时可达15个。为了使读者更加清楚地看到对比的情况，仅举其中一例（原文较长，此处作简化处理）：

> 张木匠听了这些话，才明白……后来这消息传到他妈耳朵里，他妈把他叫到背地里，骂了他一顿"没骨头"，骂罢又劝他说……他受过了这顿教训以后……
>
> 有一次他到丈人家里去……他把这消息报告了他妈，他妈说……他正一肚子肮脏气，他妈又给他打了算盘，自然就非打不行了。他拉了一根铁火柱正要走，他妈一把拉住他说……
>
> 他从他的一捆木匠家具里边抽出一条小锯梁子来……他妈

（接上）

> 为什么知道这家具好打人呢？原来当<u>他</u>妈年轻时也有过小飞蛾跟保安那些事……<u>张木匠</u>拿上这件得劲的家伙……（赵树理：登记）

在这部分叙述里两个同指名词"张木匠"之间共用了 15 个同指代词（一个句子中如果出现两个代词，如"他""他妈"，则只算做一个），甚至在两次分段以后仍继续用代词回指。那么，这种处理方式俄文是否接受呢？为了节省篇幅，我们把上述引文中的加下划线回指词在译文中的表述按顺序抄录如下：плотник Чжан、он、его（мать）、сын、плотник Чжан、он、Чжан、плотник、он、плотник Чжан、он、его、он、его（мать）、плотник Чжан、Чжан、плотник Чжан。从这里我们看到，俄语每隔两三个（最多四个）代词就要重复一次名词（同形名词、部分同形名词、异形名词都属于同指名词，参见徐赳赳 2003：142）。可见，俄语的语篇修辞强调回指形式的多样性，不允许连续单调地使用一种方式。与此相反，汉语则认为篇章中连续使用代词或都不用代词可以达到结构整齐的效果（详见徐赳赳 2003：136）。徐赳赳甚至记录到一篇记叙文，全篇共 22 个段落，只出现一次主人公的名字"丁福海"，其余一律用"他"指同，通篇共用 27 个指同的"他"。这种情况我们在俄语里没有发现，估计也不可能出现。

§3 名词回指

1. 名词回指词的类别及特征

◆ 1）同形

同形，指名词回指词和其先行词是相同的词。这里俄语与汉语有所不同：汉语里的同形可以做到先行词与回指词的词形一模一样，而俄语因有词形的变化，只能做到同词但不一定同形。下面对比汉俄两个例子：

> ① 他没有受过多少<u>父亲</u>的教诲，<u>父亲</u>一回家，脸就是阴沉的、懊丧的、厌倦的，然后就和母亲无休无止地争吵。（张贤亮：灵与肉）
>
> ② Минька долго шел рядом с окном, смотрел на <u>отца</u>. <u>Отец</u> тоже смотрел на него (В. Шукшин. И разыгрались же кони в поле).

还要指出一点，同形未必是同指，即先行词与名词回指词为同一个词，但它们的回指对象却可能不是同一个事物。廖秋忠（1986）将它们区分为"泛指"和"特指"。我们举两个例子：

> ① 他却在瓷器商店挑了一个两块多钱的<u>泡菜坛子</u>。坛子小巧玲珑，转圈用黄色和棕色的花纹组成古色古香的图案，就和汉墓的出土文物一样。这样漂亮的家庭用具，是西北的小县城里没有见过的。秀芝早就想有一个像样的<u>泡菜坛子</u>，老是说她家乡的<u>泡菜坛</u>如何如何好。（张贤亮：灵与肉）
>
> ② Он носит красный вязаный <u>свитер</u>. Такой же <u>свитер</u> я видел давно, еще во время войны, на режиссере Эйзенштейне (К. Паустовский. Золотая роза).

从上下文中可以清楚地看出，例①里先行词"泡菜坛子"和回指词"泡菜坛子"指的不是同一个物体。同样，例②的 свитер（高领毛衣）所指也是不同的。

还要强调一点：许多俄语里只需原词重复的地方在汉语里往往要加上"这""那"等字样，因为俄语里重复的名词本身就可以表达特指意义，而汉语却没有这种自动回指的功能。我们看两个俄汉互译的例子：

> ① Он… смотрел на горячившегося <u>помещика</u>… <u>Помещик</u> жаловался на народ (Л. Толстой. Анна Каренина). 他……看着那个神情激动的<u>地主</u>……<u>那地主</u>正在抱怨农民。
>
> ② Она…… 好像没有回答，只是一遍一遍地用<u>刷子</u>刷手。<u>那刷子</u>好像是新换的……（谌容：人到中年）Она, кажется, промолчала в ответ, продолжая сосредоточенно тереть руки <u>щеткой</u>. <u>Щетка</u>, видно, была новая…

从两种语言的表达中我们不难看出，俄语里再次被提及的事物带有很强的特指意义，而汉语里单独的名词往往不具备这个功能，必须冠以"这""那"等帮助回指的词。

❖ 2）部分同形

部分同形，指名词回指词与其先行词在形式上部分相同。徐赳赳（2003：146）的研究发现，汉语里如果先行词是人名，其部分同形名词回指词可以选姓，也可以选名，如先行词是"徐良""陈保国"，回指词就可以用"徐""陈"。但选名时必须是双名的，如"保国"，单名不行。俄语无单、双名之分，名或姓都可以选，但选什么却不是随意的。在特里丰诺夫（Ю. Трифонов）的《瑞典人的战胜者》（«Победитель шведов»）中有两个主人公埃迪克·杜刚诺夫（Эдик Дуганов）、玛伊佳·索洛吉娜（Майка Сорокина）。这两个人物只有在刚出现时用了名＋姓，在以后的叙述中基本上只用姓或名。我们发现，对埃迪克·杜刚诺夫（Эдик Дуганов）回指只选姓杜刚诺夫（Дуганов），而对玛伊佳·索洛吉娜（Майка Сорокина）则只选名玛伊佳（Майка），原因在于用姓时强调的是人物的正式身份和社会地位（小说从一个小男孩的角度看这两个人物，在小男孩眼里，杜刚诺夫（Дуганов）是著名的冰球运动员，是公众人物），而选名则像平时的称呼一样，随随便便（小男孩认为玛伊佳（Майка）不过是邻居家一个普通的女孩子，对这种女孩子通常只用名来称呼）。

　　还有一种情况值得我们关注：如果先行词由专有名词和表示身份的普通名词构成，汉语用部分同形回指时一般只能用专有名词，若要用普通名词通常要加上"这个""那个"，以明确所指，而俄语则完全没有必要加词，如汉语先行词如果是"地主周扒皮"，后面回指词可以是"周扒皮"或"这（那）个地主"，但绝不可单用"地主"，而俄语则不受此限制。看两个俄汉互译的实例：

---

　　① ...приехал из Петербурга помещик, <u>князь Петр Александрович Валковский</u>... <u>Князь</u> был еще молодой человек... (Ф. Достоевский. Униженные и оскорбленные). ⋯⋯从彼得堡来了一个叫<u>彼得·亚历山大罗维奇·瓦尔科夫斯基公爵</u>的地主⋯⋯<u>这位公爵</u>还是个年轻人⋯⋯

　　② 有一天解决<u>地主王老四</u>和佃户们的租佃关系，按法令订过租约后，农会主席问<u>王老四</u>还有什么意见没有⋯⋯（赵树理：地板）После того как были проведены арендные отношения <u>помещика Ван Лаосы</u> с его арендаторами и заключены новые контракты, председатель крестьянского союза спросил <u>помещика</u>, не будет ли у него каких-либо замечаний. (Перевод В. Кривцова)

　　像这样的语境，俄语可以随意提取普通名词做回指，汉语要么用专有名词（如"王老四"），要么在普通名词（"公爵"）前加上"这位"字样。

　　如果不是人名，一般都是在回指词里去掉先行词中的修饰语。徐赳赳（2003：147）有一个例子：先行词是"淘金博物馆"，接下来的第一个回指词用"这个博物馆"，第二个回指词则干脆用"博物馆"。"泡菜坛子"和"坛子""泡菜坛"也构成这样的部分同形回指关系。俄语里类似的用法也相当多，像 Петровский завод（彼

得洛夫工厂）– завод（工厂）、белая ночь（白夜）– ночь（夜）、
старичок в очках（戴眼镜的老头）– старичок（老头）等，此处仅
举一例：

> Они плыли дальше и увидели небывалое море, покрытое
> <u>морской травой</u>. <u>В траве</u> цвели большие синие цветы (К.
> Паустовский. Золотая роза).

还有一种"缩略式"的，即先行词使用全称以后回指词将其
压缩成简化的表达，如"中国国家男子篮球队""中国男篮"
"中国队"这样的回指现象。俄语里这类用法更不鲜见，
如 Третьяковская галерея（特列季亚科夫画廊）– Третьяковка（特
列季亚科夫画廊）、Государственная библиотека им. В. И. Ленина
（以列宁命名的国家图书馆）– Ленинская библиотека（列宁图书
馆）– Ленинка（列图）等。例如：

> Мне с группой разведчиков приказали захватить
> <u>телефонный узел</u>. Нам удалось пробраться на <u>телефонку</u> и
> нарушить связь как внутри города, так и между городами (Н.
> Новиков. Ленинградские рассказы).

❖ 3）同义

同义，指名词回指词和先行词在形式上完全不同，尽管其回指
对象是同一个。这种回指形式在汉语和俄语里都有运用，但俄语使
用得更积极一些。徐赳赳（2003：158）认为如果先行词是人，同
义可以分为：表职务（巫山县县长）；表职称（口腔基础教研室教授）；
表职业（失踪商人）；表家庭、亲戚成员（女儿）；表人际关系（我
的好友）；表绰号（麻秆儿）；表称号（墨西哥超级大毒枭）；其他（一
位纤弱少女）。上述种种类别在俄语里几乎都有表现，如表职务
заведующий（主任）、президент（总统）等；表职称 профессор（教
授）、майор（上校）等；表职业 разведчик（侦察兵）、помещик（地

主)、певец（歌唱家）等；表家庭、亲戚成员 муж（丈夫）、жена（妻子）、дочь（女儿）、невестка（未婚妻）等；表人际关系 друзья（朋友）；表评价 новичок（新手）、славный комсомолец（光荣的共青团圆）；表绰号及特征 толстый（胖子）、верзила（傻大个）等。徐在文章中没有给出使用同义词回指的例子，因此我们难以断定汉语里是否用光杆同义词就可指代先行词。从我们的语料来看，恐怕大多情况下汉语要在同义词前加上"这""那"字眼（如同前面的同形回指一样）。举两个俄汉互译的例子以示比较：

> ① <u>Шамету</u> повезло. В Вера-Крус он заболел тяжелой лихорадкой… <u>Больного солдата</u>, не побывавшего еще ни в одной настоящей перестрелке, отправили обратно на родину (К. Паустовский. Золотая роза). <u>沙梅</u>很走运。他在维拉克鲁斯得了很重的热病。于是<u>这个害病的士兵</u>，没上过一次阵，就被送回国了。
>
> ② <u>孙主任</u>查病房来了。穿白大褂的各级大夫跟了一大群。病人怀着急切的心情，都早已坐好在床上，翘首盼望<u>这位有名的教授</u>给自己看上一眼。（谌容：人到中年）<u>Сунь Имынь</u> в сопровождении свиты врачей в белых халатах делал обход. Больные, каждый на своей койке, с нетерпением ожидали консультации <u>знаменитого профессора</u>.

我们可以设想：如果例①的中文译文也像原文那样直接用"害病的士兵"回指，恐怕读者要花费些时间才能找回先行词（甚至根本找不到），因为这种连接手法不符合汉语的习惯。同样的道理，在例②里谌容也没有用光杆的"有名教授"来回指"孙主任"，而是在前面冠以指示词"这位"帮助找回所指。但是，俄语在所有类似这样的地方都可以直接使用同义词。

此外，我们发现俄语里还有另外一些同义词回指难以归到徐赳赳总结的类别中去（其中有些在汉语里也能观察到），如表年龄

старик（老头）、дедушка（老爷爷）、старуха（老太太）、девочка（姑娘）、юноша（小伙）；表性别 эта женщина（这位妇女）、этот господин（这位先生）。再有另外一些同义回指现象恐怕要算俄语里特有的了，如姓—名、姓—名+父称、名+父称—名、名—小名等构成的同义对（Подобедов – Иван, Лаврентьев – Петр Дементьевич, Александр Александрович – Александр, Александр – Саша）。在这类回指中，俄国人可以毫不费力地找到对等的指代对象，而不懂俄语的中国读者却会感到茫然，难怪草樱把《安娜·卡列尼娜》中表示同一个人的 Облонский、Степан Аркадьич 一律译成"奥勃朗斯基"，把 Долли、Дарья Александровна 都译为"陶丽"，这样可以减轻读者理解上的困难。俄语这样表述的用意，一是为了避免单调重复，二是以替换方式增加信息量（不额外加词）。看两个实例：

①

У маленькой Клавы <u>сестра</u> на фронте. Клава очень гордится <u>Наташей</u> (Н. Тихонов. Ленинградские рассказы).

②

原文

<u>Быковы</u> завтракали. Сам <u>Быков</u>, красный, распаренный, в полосатой пижаме, пил… (Ю. Бондарев. Тишина).

改文

<u>Быковы</u> еще завтракали. Сам <u>Петр Иванович</u>, красный…

在例①里，俄国读者一眼就可以看出 сестра（姐姐）和 Наташа（娜塔莎）是同指，因此作者完全没有必要再重复 сестра。同义词的使用不仅避免了原词的重复，也增加了信息量（告诉我们"姐姐"叫"Наташа"）。而此句的汉语不能简单地对译：如果后续句译成

"克拉瓦为<u>娜塔莎</u>感到骄傲"，中国读者会觉得奇怪，从哪里出来一个娜塔莎？因此，此句的汉译处理有两种方法：（1）用同形回指，即"克拉瓦为<u>姐姐</u>感到骄傲"；（2）用部分同形回指，即"克拉瓦为<u>娜塔莎姐姐</u>感到骄傲"。例②是一个修改的例子，原文用部分同形名词回指 Быковы（贝科夫一家）– Быков（贝科夫）后，作者觉得这样太单调，换成同义形式 Быковы（贝科夫一家）– Петр Иванович（彼得·伊万诺维奇），不仅增强了表现力，而且增加了信息量。但是，修改后的句子对于中国人来说却是费解的，所以译成中文时仍须采用部分同形回指的表述方式，即"贝可夫一家正在吃早饭。贝可夫本人……"。由此可见，汉语与俄语在同义词回指上还是有较大差异的。

以上分析的都是先行词指人的情况，如果先行词是物，徐起起（2003：151）称未发现明显规律。在我们看来，至少有一种类型可以列入其中，即由表示地名的普通名词和该地名构成的回指关系。例如：

> ① В <u>Ливнях</u> я никогда не был. <u>Городок</u> понравился мне чистотой… (К. Паустовский. Золотая роза).
>
> ② Та Ока, на которой провел Глеб лучшие свои дни, омывает и <u>Калугу</u>. <u>Город</u> на высоком берегу (Б. Зайцев).

这里需要注意的是，上述两个例子译成中文时都要在回指词"城市"前加"这个"，即分别译为"这座小城"和"这个城市"，其道理也在于汉语的非专有名词单独使用不起特指作用，比如可以说："我第一次到<u>大连</u>，<u>这座海滨城市</u>给我留下了深刻印象"或"……这座城市……"但不可以单用"<u>海滨城市</u>给我留下……"或"<u>城市</u>给我留下……"等形式。

❖ 4）上下义

上下义，指名词回指词和先行词不仅形式上不同，而且语义上也有大小之分，即先行词和回指词在意义上有包含和被包含的关系。"上下义"，我们指那些表示"类—种""一般—具体"这样关系的词语，如"鸟—麻雀""汽车—吉普车"等。这里需要说明两点：第一，这类关系词在语言系统中表示的语义范围有大有小，但在我们分析的具体语篇里所指对象相同；第二，徐赳赳（2003：152）把"发现<u>小雁</u>不行了……<u>肺部出血</u>……<u>食道</u>里没有硬物……"里加下划线的词也算作上下义回指，而我们认为这种类型属于同义场回指，可以归到零形回指里面去，因此本文将不分析这类回指现象。概括地说，上下义回指可以分为两类：

a）先行词是上义词，名词回指词是下义词

> ① 万国殡仪馆的人和<u>东西</u>都来了。可是，<u>那个棺材</u>，我看着不合适！（茅盾：子夜）
>
> ② Из голубого окна на втором этаже доносится <u>музыка</u>. Я очень люблю <u>джаз</u>… (Ю. Казаков. Голубое и зеленое).

这两例都是表类别的概念做先行词，而回指名词只是该类别中的一种，在俄语语料库中表示这类回指关系的还有 люди（人们）– девушки и ребята（姑娘和小伙子）、улицы（街道）– переулки и бульвары（小巷和街心花园）等。

b）先行词是下义词，名词回指词是上义词

> ① 有一次说晚上放映《<u>红灯记</u>》……天还没黑，人们已坐在礼堂里等<u>电影</u>。（徐赳赳例）
>
> ② Юный ветер набирал силу. Он толкался в спины <u>зрителей</u>. Но <u>люди</u> слушали русскую музыку, и никто не оглядывался на зов ветра (Ю. Рытхэу. Паруса).

与前两例相反，这里都是上义词作回指词的，我们的语料中还

有 воробей（麻雀）– птица（鸟）、танк（坦克）– машина（机器）、Ура（乌拉）– крик（喊声），гитлеровский фашизм（希特勒法西斯）– враг（敌人）等，不一一列举。

❖ **5）比喻**

比喻，指名词回指词是明喻、暗喻或转喻。徐赳赳（2003：154）称这种名词回指词不多，我们的观察也是如此。这里仅举两例以示读者：

> ① 我有一个<u>朋友</u>，是个<u>书虫</u>。（徐赳赳例）
>
> ② 他们没见过火车的呼啸曾经怎样叫<u>她</u>惧怕，叫<u>她像只</u>
> <u>受惊的小鹿</u>那样不知所措。（铁凝：哦，香雪）Этим, в поезде,
> не понять, как растерялась <u>она</u>, точно перепуганный <u>зайчишка</u>,
> когда паровоз загудел…(Перевод С. Торопцева).

例①运用了暗喻手法回指，把"朋友"称为"书虫"。例②则是明喻回指的例子，此处还要提醒读者：比喻往往包含很强的民族文化特征，在一种语言里用作比方的事物，到另一种语言里可能换成别的事物，此例中的"小鹿"译为зайчишка（小兔子）就很能说明问题。

2. 名词回指的制约因素

理论上讲，上述各种回指形式都可使用在语篇的小句衔接中，但在具体的运用上使用何种手段却要受到许多因素的制约和影响，并非可以随意处置的。

❖ **1）语境因素**

无论使用哪种回指形式，其前提都是必须保证意义的清晰和所指的明确，在此基础上才可以考虑其他方面的需求（如修辞润色的需要）。因此，写作人或说话人在表述时要把避免歧义放在首位。有些语境允许使用各种回指形式，并且都不会有歧义产生。但是另一些语境却要受到很大的限制。我们举一个作家修改其作品的例子加以说明：

> **原文**
>
> 两三天前，张治国和班长谈过话，明白班长带点醋意。他虽然是劳动英雄，可是丝毫都不骄傲，反倒更虚心。（杨朔：模范班）

> **改文**
>
> ……带点醋意。张治国虽然是劳动英雄……

为什么要把原文中的"他"替换成"张治国"，即不用代词而用同形名词回指？因为上文中有两个人物（张治国、班长）都可以被下文的"他"回指。所以说这个语境不允许使用代词回指。可见，使用同形名词回指词的最大好处就在于它可以排除歧义。可以说，在众多的回指形式（包括本节不予讨论的代词回指和零形回指）中，同形名词回指词是最不容易引起歧义的。那么，俄语里的情况如何呢？我们举两个修改的例子：

①

> **原文**
>
> Пока Синцов чинил карандаш, Зайчиков лежал и молча смотрел в потолок. Как только Синцов очинил карандаш, он сразу же стал диктовать… (К. Симонов. Живые и мертвые).

> **改文**
>
> … Синцов очинил карандаш, Зайчиков сразу же стал диктовать…

②

原文

　　– Здравствуйте! – вдруг услышала Лида над собой голос и, подняв голову, увидела Нину. <u>Она</u> машинально схватила ключ, но было уже поздно (С. Антонов. Первая должность).

改文

　　… увидела Нину. <u>Лида</u> машинально схватила ключ…

　　在例①中，原文中最后一个小句里的代词回指词 он（他）意义不清，它可以指代前面两个人物——Синцов（辛措夫）、Зайчиков（扎伊奇科夫）中的任何一个，因此为了避免歧义，改文把 он 换成 Зайчиков。例②与例①情况大体相同。在俄语里，不仅上下文中有两个相同性别人物时回指要用同形名词，而且前文中有两个语法属性相同的名词时往往也要用同形名词回指，这是俄语的语言特点决定的，也是它与汉语不同的地方。举例说明：

①

原文

　　Простыни были чистые, с неразгладившимися складками, поверх <u>них</u>, кроме одеяла, лежала Машина шинель (К. Симонов. Живые и мертвые).

改文

　　… поверх <u>простынь</u> и одеяла лежала Машина шинель.

②

原文

　　Лодка скребет по песку. Мы выпрыгиваем в воду, вытягиваем <u>ее</u> носом на берег (Г. Бакланов. Пядь земли).

（接上）

改文

> … Мы выпрыгиваем в воду, вытягиваем <u>лодку</u> носом на берег.

在例①里，上文中有 простыни（被褥）、складки（折痕）这样两个复数名词，因此下文的指代就要考虑避免歧义的问题。例②也是类似的情况，有 лодка（船）、вода（水）两个阴性名词。虽然上下文的意思以及辅助词 нос（船头）、берег（岸）都可以提示"拉"的对象是 лодка 而非 вода，但为了明晰起见，改文还是将 ее 换作同形回指名词 лодка。总之，凡上文中有两个以上相同性、数的名词并导致下文难以确定先行词时，无论汉语还是俄语大多倾向于使用同形名词回指形式。

❖ 2）语义因素

前面曾提到同形不同指的现象，即先行词和回指词在形式上相同，但它们的所指对象却可能不是同一个事物。假设一个语境：上文是"北京有很多未成年的小保姆"，下文在理论上讲可以用代词"她们"回指，也可以用部分同形名词"这些小保姆"回指，但这必须是特指的情况，即"她们"或"这些小保姆"也指北京的那些小保姆，比如下文可以说"<u>她们</u>还处在上学的年龄"或"<u>这些小保姆</u>还处在上学的年龄"。但是，如果下文讲别处的小保姆，则必须用同形名词回指而不能用代词，即只可以说"其实<u>这种小保姆</u>在全国许多城市里都有"，而不能说"其实<u>她们</u>在全国许多城市里都有"。这就是我们所说的语义因素对回指的限制。就俄语来讲，不同指的回指词可以带修饰词，也可以原词重复。例如：

> ① Гаврик тотчас решил прикинуться совсем маленьким <u>дурачком</u>. От <u>дурачка</u> не много узнаешь (В. Катаев. Белеет парус одинокий).

（接上）

② Вообще-то забавно падают люди на <u>войне</u>. Точь-в-точь как они, когда играют в <u>войну</u> (Ч. Айтматов).

③ Часто <u>люди</u> говорят, что они работают по 14-15 часов. Может быть, <u>такие люди</u> существуют, но мне не удавалось столько проработать (Д. Гранин. Эта странная жизнь).

从语境上来看，例①只有一个人物，因此似乎可以用代词回指而不会产生误解。但实际上如果用 от него（从他），第二小句的意义就变了 —— 由泛指变成了特指。例②两个 война（战争）也是指的两件事：上句讲（小孩子在电影里看到）人们在战争中纷纷倒下，下句说就像他们（小孩子）玩的战争游戏一样，两个"战争"不是同指。例③中加下划线的词指的也不一定是相同的人物。

❖ 3）语法因素

a）修饰词的制约

一个事物被提及的时候，可以呈"光杆"状，也可能带有各种修饰词。廖秋忠在 1986 年分析过一个例子："<u>一些内容不健康的报刊</u>在不少地方泛滥起来。<u>这类报刊</u>以色情、凶杀、内部秘闻等不堪入目的内容吸引读者……"。廖认为这个例子里指代词和量词（"这类"）不能省略，因为省略之后整个句子就容易被理解为泛指从而与上下文不连贯。廖的解释无疑是正确的，但这只是问题的一个方面。换个角度来看，正是因为有修饰词"这类"，才使得回指必须用同形名词（此例应看作部分同形）。（见刘坚等 1992：48）从我们搜集到的俄文语料来看，要求必须使用名词回指形式的修饰词有两种：（1）做定语的形容词、代词，（2）做定语的名词间接格。我们把这两类一并举例说明：

① Я долго сижу и смотрю на <u>обои</u>. У нас красивые <u>обои</u> (Ю. Казаков. Голубое и зеленое).

② Слова этого поэтического <u>плача</u> никогда не повторялись. По-моему, каждый <u>плач</u> был импровизацией (К. Паустовский. Золотая роза).

③ …у каждого из нас <u>ассоциации</u> связаны с его жизнью, биографией, с его воспоминаниями. Поэтому <u>ассоциации</u> одного человека могут быть совершенно чужды другому (К. Паустовский. Золотая роза).

在例①、②中，假如没有做定语的修饰词，两个后续句都是可以用代词回指的，但正是因为有了 красивые（美丽的）和 каждый（每一个）才迫使名词不得不重复，要知道无论汉语还是俄语都不允许使用类似 красивые они（美丽的它们）、каждый он（每一个它）和"美丽的它们""每一个它"这样的表述。顺便指出，这里的例子与前面例子不同，那里是泛指并不同指的，而此处为特指并同指的对象。在例③中，第二格的 одного человека（一个人）也限定了被说明词 ассоциации（联想）要采用重复的形式（不能说 она одного человека）。

b）汉语语法规则的限制

这里只涉及汉语名词回指问题。我们知道，汉语的人称代词"他、她、它"远不及俄语里使用得那么广泛，因为俄语的 он、она、оно 不仅可以回指表人先行词，也能回指表物先行词。这样一来，俄语的第三人称代词的使用频率就大大超过汉语：许多俄语中使用代词的地方汉语中必须用名词回指。试举两个俄汉互译的例子：

① Они могут объявить его вором, посадить в тюрьму и отобрать у <u>него</u> <u>золото</u>. Ведь <u>оно</u> все-таки чужое (К. Паустовский. Золотая роза). 他们会说他是小偷，把他关到牢里去，没收他的

（接上）

> 金子。不管怎样金子本来就是别人的。
>
> ②我真喜欢大海，可惜我从没有到过海边，我们这个城市离海太远了。（张抗抗：夏）Я люблю море, но никогда не ездил к нему: от нашего города до него далеко (Перевод Ю. Сорокина).

在例①中俄语的先行词是 золото（黄金），回指词用代词 оно（它）来替代，不会产生任何歧义，读者也立刻能找回所指。而汉语则不然：此句不可译为"它本来就是别人的"，这样听起来不符合汉语习惯，读者也感到费解。同样，例②中张抗抗也没有说"我真喜欢大海，可惜我从没有到过它边上，我们这个城市离它太远了"。在类似的情景里汉语必须用名词回指，而俄语则可采用人称代词回指的方式。

❖ 4）修辞因素

a）简洁的需要

在语言运用中有一条很重要的原则——"经济原则"，即在不产生歧义的基础上尽可能使表述简单明了，避免啰里啰唆拖泥带水。出于这个目的，在对较长的先行词回指时经常会用到压缩的部分同形名词。

b）表述的需要

在叙述一个人或一件事时，固然可以用同一个称名一直贯穿下去，但这种行文是很单调的，甚至在修辞上是不允许的，尤其对俄语而言。徐赳赳（2003：157）举了一个人名的例子，他说假如有一个叫"赵国亮"的人引进篇章后，下面可能出现几种部分同形回指词："赵""赵某""国亮""老赵""小赵"和"赵老"等。徐分析的这种情况在篇章中确实都可能存在，但据我们观察汉语里回指的变换形式远不及俄语丰富，我们可以信手举几个汉译俄的例子：在赵树理的《传家宝》中，在引进"李成娘"这个人物以后，接下来只有"婆婆"这个同义名词回指词，其他均为同形名词"李成娘"或代词"她"，而俄语的译文中却使用了 мать Ли Чэна（李成母亲）、матушка Ли Чэна（李成娘）、матушка Ли（李娘）、матушка（娘）、свекровь（婆婆）、старуха（老妇人）、вдова（寡妇）等多种同义形式来指代。再如钱钟书的《围城》里有一个"张小姐"，作者在很大篇幅上都用该词回指，但俄文里却用了 барышня Чжан（张小姐）、барышня（小姐）、девушка（姑娘）、дочь（女儿）、названная племянница（干外甥女）、юная владелица библиотечки（小小图书室的少女拥有者）等各种词语。还是在《围城》里，有一个"小孩子"，作者用"这孩子""这淘气的孩子""那小孩子"等部分同形回指，而俄语则选择更多的花样，如 маленький мальчик（小小男孩）、ребенок（孩子）、мальчонка（小男孩）、малыш（小孩子）、озорник（淘气包）等。这样，不仅增加了称名形式，而且加进了不少评价色彩。下面举两个修改的例子：

①

原文

Это было примерно на десятой минуте после начала немецкого огня. Огонь продолжался еще полчаса и ушел вглубь… (К. Симонов. Живые и мертвые).

改文

… после начала немецкого обстрела. Огонь продолжался…

②

原文

Устали от страданий? Хотели покончить с этими страданиями? (Ю. Бондарев. Последние залпы).

（接上）

改文

Устали от <u>мучений</u>? Хотели покончить с этими <u>страданиями</u>?

这两个例子中的原文本来都是无可厚非的，огонь（炮火）和 страдания（痛苦）都是名词同形回指。但从修辞的角度，俄语绝对不提倡这种单调的重复（除非上下文要求如此），认为这样只会降低语言的表现力，所以修改时作者把它们都换作了同义词。

c）变换视角的需要

一部文学作品，一段叙述，很少有平铺直叙、一统到底的，有时要在主体的话语中掺杂进其他的声音，白春仁（1993：227~228）称这种现象叫"多声的叙述"，即"在一个主体的话语中，混合着他人的身份、格调、态度"。据我们观察，能够悄悄变换主体身份的手段之一就是名词回指词的使用。先看两个俄语的例子：

①

<u>Пленный</u> продолжал стоять, уронив голову на грудь. Его удрученная поза все время вселяла в Камацубару уверенность, что <u>русский</u> вот-вот начнет отвечать… (К. Симонов. Товарищи по оружию).

②

原文

Шофер вылез. <u>Артемьев</u> подвинулся на его место, а шофер, обойдя машину кругом, сел на место <u>Артемьева</u> и положил себе на колени его чемодан. Несколько минут он с тревогой и любопытством следил за тем, как <u>Артемьев</u> ведет машину… (К. Симонов. Товарищи по оружию).

改文

… он недоверчиво следил за тем, как <u>капитан</u> ведет машину…

例①讲日本人逮住了一个俄罗斯俘虏，先从作者的角度叙述俘虏怎样站着、他的站姿给了日本军官怎样的信心等等。接着，从 русский（俄国人）开始，叙事的视点悄悄从作者转移到人物（日本人）身上：从他的角度来看，"俄国人马上就要开口了"。例②是个修改的例子，讲述军官 Артемьев（阿尔焦母耶夫）在找部队途中搭乘一辆卡车的情景。原文从先行词到回指词一律都用人名，叙述比较平淡，视角也没有什么变化。而改文的 капитан（大尉）换得恰到好处：从司机的角度来看，他只知道身边坐着的是一个大尉军官（从军服上看得很清楚），又哪里晓得那个人叫什么名字呢？下面再看两个汉译俄的例子：

> ① 他母亲最需要的是他父亲的温情，而父亲最需要的却是摆脱这个脾气古怪的妻子。（张贤亮：灵与肉）… матери больше всего нужна любовь мужа, а отцу больше всего нужно отвязаться от жены с ее странным характером (Перевод А. Монастырского).
>
> ② 金旺老婆现任妇救会主席，因为金旺好到小琴那里去，早就恨得小琴了不得。（赵树理：小二黑结婚）Жена Цзиньвана была председательницей Женского союза спасения родины. Она знала, что муж ее заглядывался на Сяоцинь, и поэтому терпеть не могла эту девчонку (Перевод В. Кривцова).

在例①《灵与肉》的例子里，原文的两句话都是作者站在人物许灵均的角度讲的，连续用了两个"父亲"，而俄语译者在翻译时却采用了不同的处理方式：他把其中的一个"父亲"译为 муж，把视点转移到许灵均母亲的身上，这样既避免了先行词和回指词的单调重复，又不断调整了叙事的角度。例②也是类似的情形，原文用同形名词回指"金旺 — 金旺""小琴 — 小琴"，意思清楚明白，但视角看不出什么变化。俄译文作了相应的调整：用 муж（丈夫）回指 Цзиньван（金旺），这是从"金旺老婆"的角度来讲的，然后顺着"金旺老婆"这个视点再去看 Сяоцинь（小琴），那丫头已经是个令人讨厌的 девчонка（村姑）了。

§4 零形回指

零形回指是一个比较难确定的范畴，因为它没有实在的词语表现形式。陈平（1991：183）从语义和语法两个方面对零形回指作定义：在意义上句子中有一个与上文中出现的某个事物指称相同的所指对象，但在语法形式上该所指对象却没有实在的词语表现形式。我们同意陈平的看法，即在认定零形回指时主要看是否有所指对象和表现形式，如果有前者无后者，那就可看作是零形回指。例如：

> Вот идет <u>старик</u>, вытянув руку. Ничего *0* не несет, ничего *0* не просит, а рука вытянута (Н. Тихонов. Ленинградские рассказы).

这里的第二句话有两个单数第三人称的动词谓语形式，但主语空缺。在意义方面，这个句子脱离上文含义不清；从语法形式来看，如果没有第一句话则第二句话根本不能成立。因此我们可以判定第二句里有零形回指形式，实际上它是可以用代词 он 来添补的。下面就分析一下零形回指的表现形式。

1. 零形回指的表现形式

◆ 1）省略施事

所谓施事，是指行为的发出者。这种形式在一定的上下文里常见省略，因为始发句中提过的主体在后续句里自然容易承续下来而不必再次提及。从语法的角度看，这种情况都是省略句子中的主语。此类零形回指在俄语和汉语里都很普遍，二者之间也无特别之处。请看下面例子：

> ① Вронский покатился со смеху. И долго потом, говоря уже о другом, *0* закатывался своим здоровым смехом... (Л. Толстой. Анна Каренина). 伏伦斯基哈哈大笑。后来，过了好一阵，已经在谈别的事情时 *0* 还爆发出健康的笑声……
>
> ② "我呀，从穿开裆裤那么小的时候，就跟我舅舅学熟皮子活儿，*0* 干了几十年，*0* 也放下了几十年"。（浩然）– Я с малых лет, еще с той поры, как бегал в штанишках с разрезом, начал учиться у дяди выделывать кожи. Не один десяток лет *0* занимался этим делом, но давно *0* его забросил.

在例①中，先提到了 Вронский（伏伦斯基），第二句里还是叙述这个人物，因此这个句子就省略行为的主体而采用零形回指了。例②也是一样，都是后续句与始发句共用一个主语。从两个例子的译文我们看出，俄汉语在省略施事方面有相同之处。

◆ 2）省略受事

这里是指后续句里省略动作所及的客体，在句子成分里是俄语的补语和汉语的宾语。与前一类相比这种省略形式用得较少。例如：

> ① – Командующий вас разыскивает. Велел доставить *0* немедленно живого или мертвого (К. Симонов. Товарищи по оружию).
>
> ② 季小姐：我去打电话。
>
> 章夫人：不，我叫佣人替你打 *0*。（郭沫若）

这两处都省略了动词所及的客体，例①第二句里是 вас，例②第二句里是"电话"。顺便提及一下：这两个例子都是作者修改后的文本，最初的版本都没有用零形回指，例①第二句里是 Велел доставить <u>вас</u> немедленно...（吩咐马上找到您……），而例②第二句里是则是"我叫佣人替你打<u>电话</u>"。相比之下，修改后的话语听起来更加自然。

在省略受事方面，俄语和汉语的表述有时会出现一定的差异：俄语中的某些及物动词后面可以省略直接补语或间接补语，但汉语可能要求一定把受事对象表达出来。例如：

> <u>Петрицкий</u> описал ему в кратких чертах свое положение, насколько оно изменилось после отъезда Вронского. Денег нет ничего. Отец сказал, что не даст 0 и не заплатит 0 долгов. Портной хочет посадить 0 … (Л. Толстой. Анна Каренина). <u>彼特利茨基</u>简单地向伏伦斯基讲了他走后自己的情况。钱一点都没有了。父亲说不再给<u>他</u>钱，也不肯替<u>他</u>还债。裁缝想让<u>他</u>坐牢……

这里俄语句子中的补语可以省略，而且丝毫不影响对句意的理解；但汉语必须用代词回指，否则意义完全被扭曲。试比较：＊父亲说不再给钱，也不肯还债。裁缝想坐牢……

◆ 3）省略说明成分

此处的"说明成分"一般指句子中的定语，即后续句的动作或状态不直接指出它的发出者，而用零形回指替代，因为语境会帮助读者做出判断。例如：

> ① 祥子的脸通红，0 手哆嗦着。（老舍：骆驼祥子）
>
> ② Завиток <u>у нее</u> тоже в муке. На затылке – 0 короткие волосы (Г. Бакланов. Пядь земли).

例①第二句里虽然没再重复第一句里的定语，但读者立刻就可看出这个动作是属于"祥子"的。例②的情况相类似：始发句中用了 у нее（她的），后续句就不必重提了。这种用法常见于对人物的

描写中,比重复定语更加简练。下面我们比较两个作家修改的例子:

①

原文

Нонна затягивается дымом, лицо <u>ее</u> становится злым и решительным (В. Липатов. Капитан «Смелого»).

改文

Нонна затягивается дымом, лицо <u>0</u> становится злым и решительным.

②

原文

<u>Он</u> с трудом перевернулся на левый бок и, опершись на локоть, сел. Вся правая сторона груди, плечо и рука были <u>у него</u> в крови (К. Симонов. Товарищи по оружию).

改文

… Вся правая сторона груди, плечо и рука были <u>0</u> в крови.

这两个例子中原文都是用代词回指(ее,у него),修改时全都删掉了定语。为什么要做这样的修改?其道理就在于零形回指的语篇功能:在上下文清楚的情况下,省略也是一种有效的回指形式。我们所说的上下文清楚,是指一定要排除歧义的可能,下面的例子中就不能用零形回指了:

原文

张在<u>牛</u>躺着的地方,撒了一些糠,但也很快浸湿了。<u>0</u>头转过来用她的嘴唇去触前脚近边的地方。(周立波:牛)

改文

张启南在<u>牛</u>躺着的地方,撒了一些糠,但也很快浸湿了。<u>牛</u>头转过来用它的嘴唇去触前脚近边的地方。

这个例子中的原文令人感到费解：谁的头转过来？而且还用"她"的嘴唇去触……改文只在"头"字前加了一个"牛"字（并把"她"改为"它"），衔接方式由零形回指变为同形各词回指。修改后的话语才表达清楚了：原来是牛的头和牛的嘴唇。那么，为什么原文中的省略形式不可取呢？原因在于始发句里有"张启南"和"牛"两个指称对象，而且这两个指称对象都可以有"转头"这个动作。这样一来，后续句如果用零形回指，读者便不知动作的归属了。关于指称对象的数量与回指形式的关系在下文中还要重点谈及。

❖ 4）省略被说明词

我们所说的"被说明词"包括两种情况：一种是"形容词（形动词、序数词）＋名词"词组中的名词；另一种是"名词＋名词"的被说明的名词。零形回指就是省略掉这两种类型中的名词成分。比较起来，第一种情况比较多见，而且在俄语和汉语里都有，当然俄语使用得更多一些。我们先对比一个俄译汉的例子：

> На «Милом друге» у Мопассана служили двое <u>матросов</u>. Старшего *0* звали Бернар (К. Паустовский. Золотая роза). 在"可爱的朋友"船上，莫泊桑用了两个<u>水手</u>。年岁大一点*0*的叫伯尔纳。

这里前后两个句子的衔接，如果不用零形回指也可以使用名词重复的方式，即 ...служили двое <u>матросов</u>. Старшего <u>матроса</u> звали... （……用了两个<u>水手</u>。年岁大一点的<u>水手</u>叫……），但这种表述既啰唆又无必要，因为省略的形式足以把意思表达清楚。但是，有的时候汉语却不允许使用零形回指。例如：

> ① Весь этот день я ходил по городу и искал себе <u>квартиру</u>. Старая *0* была очень сыра... (Ф. Достоевский. Униженные и оскобленные). 这一整天我都在城里奔走，想找一个<u>住所</u>。我的旧<u>住所</u>很潮湿……

（接上）

> ② Восемьдесят четвертый <u>полк</u> снялся. Находится на марше. Пятнадцатый <u>0</u> идет за артполком (Ю. Бондарев. Батальоны просят огня). 84 <u>团</u>拔营了，现正在行军的路上。15 <u>团</u>跟在炮团后面。

这两个例子里俄语都用了零形回指，而汉语则用名词回指。原因在于俄语有性、数范畴的优势，它可以借助于"形容词须与名词之间保持性、数一致"的语法规则，省略掉被它说明的名词。人们只凭形容词的外部形式就可以看出略去的成分。汉语则基本上不能单独使用形容词，比如上述两个例子就不可以说成："我的旧 <u>0</u> 很潮湿""15 <u>0</u> 跟在炮团后面"。

省略被说明词的第二种情况是"名词＋名词"类，这里的一个名词可以被略去。此类情景俄语里有，汉语里也可见到。先比较一个译文：

> Я решил заняться плаванием и стать <u>чемпионом</u> СССР, а потом и <u>0</u> мира (Ю. Казаков. Голубое и зеленое). 我决定练习游泳，当一个苏联<u>冠军</u>，然后再当世界<u>冠军</u>。

这里俄语用了零形回指，即出现了чемпион（冠军）以后没有再次重复它，而汉语则采用名词回指。但是，我们可以仿照此例假设一个语境："我想当一名<u>球星</u>，先是中国的 <u>0</u>，然后再当世界级的 <u>0</u>。"我们看到这个表述是完全符合汉语习惯的。那么，为什么汉语里有时可以用零形回指，而有时必须用名词或代词回指呢？根据我们的观察，由"名词＋的"充当定语的，其后的被说明名词比较容易省略，而由纯粹"形容词＋名词"构成的词组里名词不大可能略去。

2. 零形回指的制约因素

前面我们考察了零形回指的几种表现形式和适用范围，下面我们看一下允许和不能使用这种回指形式的各种制约因素，它涉及语境、语法、修辞等几个方面。

❖ 1）语境因素

　　所谓语境因素，是看上下文中指称对象的多寡。一般来说，当上文中只有一个指称对象时，下文比较容易使用零形回指，因为顺着原来的话题往下说，后续句里有无指称对象通常都不会导致误解。此时如果不用零形回指，听起来反倒不自然。试比较下面修改的例子：

①

原文

> В первую неделю пребывания в школе <u>она</u> наивно, как <u>она</u> теперь понимала, попросила, чтобы… (К. Симонов. Живые и мертвые).

改文

> … <u>она</u> наивно, как <u>0</u> теперь понимала, попросила…

②

原文

> <u>他</u>不能再留下去。<u>他</u>便匆匆赶到长途汽车站去。（巴金：寒夜）

改文

> <u>他</u>不能再留下去，<u>0</u>便匆匆赶到长途汽车站去。

　　这两个例子里都只含有一个指称对象，后续句里用代词回指和零形回指都可以，但前者显然是多余的，不如后者那样干脆利落。但是，如果语境比较复杂，比如含有两个以上的指称对象，就要慎用零形回指了。我们再看一个修改的例子：

原文

　　天上的星星越来越稀，张治国又给牛添了一遍草，*0* 便放亮了。（杨朔：模范班）

改文

　　天上的星星越来越稀，张治国又给牛添了一遍草，天便放亮了。

　　这个例子原文用了零形回指，但修改后变成了名词回指。为什么这里不能用零形回指？按照陈平（1991：183）的说法，零形回指的使用在很大程度上取决于话语宏观连续性的强弱，如果宏观连续性很弱，就不能使用零形回指。一般来说，先行词与回指对象各自所在的句子先后邻接时，宏观连续性较强；中间插入其他句子时，宏观连续性相对较弱。而这个例子刚好是宏观连续性弱的例子：先行词"天"与回指对象所在的句子"便放亮了"相距很远，中间插入了另外一个句子，所以这里不宜使用零形回指。假如此例的句序作个调整，把"张治国又给牛添了一遍草"放在开头，便可以考虑使用零形回指了。

◆ **2）话题因素**

　　这个问题与前面的问题有一定的联系，但不是一回事。所谓话题，是指说话的出发点，如果出发点不变，那么话语比较容易使用零形回指；反之，话题发生变化以后，就不大可能用零形回指了。试比较下面修改的例子：

①

原文

　　他到韩廷瑞的房里拿出一盘高脚的麻油灯，他点燃了灯，他又向老董说……（丁玲：太阳照在桑干河上）

改文

> 他到韩廷瑞的房里拿出一盘高脚的麻油灯，*0* 点燃了灯，*0* 又向老董说……

②
原文

> Вскоре вправо, на довольно крутой пригорок, заросший дубами, повела тропа. *0* Пошли по ней… (В. Солоухин. Владимирские проселки).

改文

> … повела тропа. Мы пошли по ней…

例①中，虽然有"他""韩廷瑞""老董"等几个人物，但叙述的出发点一直没有变化，始终是由"他"发出的动作，所以用零形回指一点不会影响对话语的理解。而例②则不同：始发句的指称对象是 тропа（小道），到了后续句就不再描写这个物体，而是转到叙述人物了，因此不能用零形回指。这里须注意汉语和俄语的差异：在话题不变的情况下，汉语里可以连续多次地使用零形回指，有时甚至可以多达十几个；而俄语通常不允许出现这种现象，因为俄语的语篇结构更加注重形式的变化。试比较：

> ① Южный ветер набирал силу. Он толкался в спины слушателей (Ю. Рытхэу. Паруса). 南风越刮越猛，*0* 敲打着听众的脊背。
>
> ② Мелодия нарастала. Она с каждой секундой наполнялась силой…(Ю. Рытхэу. Паруса). 乐曲越来越响，*0* 每一秒钟都在增强。
>
> ③ 电车到站时，他没等车停就抢先跳下来，*0* 险的摔一

（接上）

跤，亏得 *0* 撑着手杖，*0* 左手推在电杆木上阻住那扑向地的势头。*0* 吓出一身冷汗，*0* 左手掌擦出一层油皮，*0* 还给电车夫教训了几句。（钱钟书：围城）Трамвай еще не остановился, а Фан уже соскочил с подножки и едва не расшибся – к счастью, *0* успел ухватиться за столб. Он перепугался, *0* ободрал руку и, вдобавок ко всему, его еще отчитал вагоновожатый (Перевод В. Сорокина).

④ 金桂是个女劳动英雄，*0* 一冬天赶集卖煤，*0* 成天打娘家门过来过去，*0* 几时想进去看看就进去看看，*0* 根本不把走娘家当件稀罕事。（赵树理：传家宝）Цзиньгуй – Героиня труда. Всю зиму она продает на базаре уголь от кооператива. Ежедневно проходя мимо ворот родительского дома, она может, когда *0* захочет, навестить родителей. Зайти домой для нее не такое уже важное событие (Перевод Г. Монзелера).

这 4 个例子里都是话题不变的表述，汉语很自然地用了零形回指，但俄语却采用了一些变化，尤其是后两例汉译俄里多次插入了代词回指，因为连续多次使用同一种衔接不符合俄语的表达习惯。对汉语的这种特点朱永生在《英汉语篇衔接手段对比研究》中曾指出过。他对英语和汉语的省略作了比较后得出结论说，由于汉语是一种以意合为主的语言，因而语篇中的省略注重意义的表达，不大考虑语法和逻辑。（朱永生等 2001：74）

◆ 3）语法因素

有的时候，话语的情节并不复杂，话题也没有变化，但语法规则却限制使用零形回指，俄语尤其是这样。我们看两个例子：

①

原文

И он увидел <u>их</u>. <u>0</u> Стояли возле перехода через площадь… (Ю. Бондарев. Тишина).

改文

… <u>Они</u> ждали на переходе через площадь…

②

原文

У <u>нее</u> были теплые, без блеска, глаза, с нижней ступеньки <u>0</u> неподвижно смотрела на парня в тенниске… (Ю. Бондарев. Тишина).

改文

…с нижней ступеньки <u>она</u> неподвижно смотрела на парня в тенниске…

　　在第一例里，指称对象 их（他们）不是主语，形式上是间接格，因此在后续句中这个指称对象就不能用零形回指，原因与前面谈的话题一样：处在非主格位置的名词一般不是话题的中心，在转入下句时如果成为话题的焦点，就要用代词或名词回指。第二例第二句的情况也类似：始发句的主题是 глаза（眼睛）而不是 у нее（她的），所以后续句 она 作为叙事出发点时该词必须出现。

　　另一方面，就语法形式来讲，俄语也有它的优势：由于它有性、数、人称等变化形式，可以比较方便地使用零形回指而不会产生误解。例如：

① <u>Вронский</u> удовлетворял всем желаниям матери. <u>0</u> Очень богат, умен… (Л. Толстой. Анна Каренина). *伏伦斯基能使吉娣母亲的愿望全部得到满足。<u>他</u>很有钱，又很聪明……*

（接上）

② 1983 年 11 月 22 日晚 8 时，<u>余秋萍</u>匆匆走入朱慎独博士的会客室。<u>她</u>神色激动，脱大衣时竟拽掉了一枚美丽发光呈放射状的蓝扣子。（王蒙：冬天的话题） 22 ноября 1983 года в восемь вечера <u>Юй Цюпин</u> ворвалась в гостиную профессора Чжу Шэньду. В таком волнении, что, сбрасывая пальто, ненароком <u>0</u> оторвала красивую, с переливами голубую пуговицу (Перевод С. Торопцева).

这两个例子里汉语都用了代词回指，因为用零形回指会使意义模糊——这两处话语里都分别有两个人物，不用代词就难以分辨所指对象。而俄语很方便地使用了零形回指，阳性的形容词 богат(有钱)、умен（聪明）和阴性的动词过去时形式 оторвала （拽掉）都提示了指称对象。

❖ 4）篇章修辞因素

俄语同许多欧洲语言一样，属于主语显著型的，比较注重形式上的连接；而汉语是主题显著型的语言，重在意义连贯而不计较形式的作用（许余龙 1992：251~252）。因此，通过俄汉对比可以看出，不少句子里俄语采用有形回指（代词或名词），而汉语则用零形回指，其中比较典型的是表示处所意义。例如：

① Правда, <u>дивизии</u> не везло. В <u>ней</u> с начала войны сменялся уже третий комиссар (К. Симонов. Живые и мертвые). 这个<u>师</u>的确很不走运。<u>0</u>从战争开始以来已经换了三名政委。

② 离老通宝坐处不远，一所灰白色的<u>楼房</u>蹲在"塘路"边，那是茧厂。十多天前 <u>0</u> 驻扎过军队……（茅盾：林家铺子） У края дороги, недалеко от того места, где сидел на камне Тун-

（接上）

бао, высилось серое <u>здание</u> кокономотальной фабрики. Десять дней назад <u>в нем</u> квартировала воинская часть… (Перевод Вл. Рудмана).

我们看到在例①第二句里俄语有一个表示处所的词（в）ней与第一句相连，而汉语则无此必要：既然话题没有变化，就可以使用零形回指，如果用"在它里面已经换了三名政委"反倒不符合汉语的规范。例②的汉语顺着原话题叙述，不必插入状语成分，而俄语却要在适当的地方点明所指，以减轻读者在理解上的负担。

篇章修辞因素的另一个方面是指语篇的语体。在各种不同的语体中，口语是最容易使用零形回指的，因为省略和简化的形式符合口语经济、快速的原则。我们看到，在俄语里，凭借词形的丰富变化，可以大量地使用零形回指，尤其是第一人称很容易被省略掉。例如：

① – Слушай, Миша, <u>я</u> не поеду с тобой. *0* Останусь на несколько дней тут (К. Симонов. Живые и мертвые).

② – Знаешь, <u>я</u> теперь поняла, почему с самого начала *0* нисколько не волновалась… (К. Симонов. Живые и мертвые).

③ – <u>Я</u> не рассудительная, а *0* просто хочу тебе помочь (К. Симонов. Живые и мертвые).

④ – Сколько <u>людей</u> вывел?

– Около пятисот, – сказал Климович. – Через час уточню.

– *0* Драться могут?

– *0* Могут. Но боеприпасы на исходе (К. Симонов. Живые и мертвые).

上面各例中大部分都是省略了第一人称的主语，省略的成分可以通过动词变位的形式 останусь（我停下）、хочу（我要）、могут（能够）以及过去时形式 волновалась（她不安）推测出来，因此零形回指用在口语里既节省了交际时间，又给语言表述一种无拘束的、亲昵的意味，是口语中很常见的回指形式。

最后，我们用一组统计数字勾画俄汉两种语言中回指形式的大概轮廓。统计的客体是赵树理的《传家宝》（第一部分）原文和它的两个俄语译本，对象是 3 篇话语中的各种回指形式：

3种回指词在篇章中的分布

类型	《传家宝》原文		俄译文1（译者Г.Монзелер）		俄译文2（译者В.Сперанский）	
	回指词（个）	百分比	回指词（个）	百分比	回指词（个）	百分比
名词回指	108	40.60%	121	51.05%	132	54.77%
代词回指	46	17.29%	85	35.87%	69	28.63%
零形回指	112	42.11%	31	13.08%	40	16.60%
总计	266	100%	237	100%	241	100%

5种名词回指词在篇章中的分布

类型	《传家宝》原文		俄译文1（译者Г.Монзелер）		俄译文2（译者В.Сперанский）	
	名词回指词（个）	百分比	名词回指词（个）	百分比	名词回指词（个）	百分比
同形	48	44.44%	43	35.54%	45	34.09%
部分同形	15	13.89%	28	23.14%	23	17.42%
同义	31	28.70%	44	36.36%	53	40.15%
上下义	13	12.04%	5	4.13%	9	6.82%
比喻	1	0.93%	1	0.83%	2	1.52%
总计	108	100%	121	100%	132	100%

综合以上分析和两个附表，我们大体可以得出以下一些结论：

（1）俄语的名词回指高于汉语，但高出的原因不在同形上，而在于同义词的使用：当汉语用同形回指或其他手法时，俄语则在变换各种同义词（如"李成娘"的例子）。

（2）俄语的同形回指远低于汉语，其原因在于俄语修辞不提倡词语本身机械性的重复。

（3）汉语的零形回指大大高于俄语，而俄语的代词回指也比汉语里多得多。问题在于，汉语是主题显著型语言，注重语义连贯而不是形式上的衔接。因此，当人称代词用作句子主题的时候，代词很容易被省略（参见许余龙 1992：247）。俄语则是主语显著型语言，注重形式的连接而又强调变化，因此许多汉语使用零形回指的地方，都被俄语的代词回指替换掉了。

以上简要分析了俄语和汉语中使用零形回指的各种不同情况。作为一种积极的语篇衔接手段，零形回指在两种语言中都有广泛的应用。每种语言都有自己的语法和修辞规则，因此也就决定了这样或那样表现形式的使用范围。总的来说，如果语篇中话题不变，汉语更倾向于多用零形回指，此时俄语多强调回指形式的翻新；而另外一些时候，俄语借助于自身词形变化的特点，可以在口语等领域较多地使用零形回指。

第三章　超句统一体

§1　句际间的相互关系及其层次

　　超句统一体的概念，是布拉霍夫斯基（Л. А. Булаховский）于1952 年提出的。他在《俄语教程》一书中说，句子并不是语言中表达思想的最大整体，有一种比句子大的单位，那就是"超句统一体"（他称为 сверхфразное единство，现常作 сверхфразовое единство）。（Булаховский 1952:392）实际上，在此之前，即 1948年，另一位苏联学者波斯别洛夫教授已经对这一单位作了详尽的阐述，只不过后者用的是另一术语"复杂的句法整体"（сложное синтаксическое целое）。波斯别洛夫认为，句子在连贯语中实际上并不能表达相对独立和完整的思想，能表达这种思想的是复杂的句法整体。这种整体即使在脱离上下文的情况下，仍保持内容和形式上的独立性。（Поспелов 1948a:31）后来，由对超句统一体（也即复杂的句法整体）的研究逐步发展到对全篇话语的研究，形成了语言学中的一个新的学科 —— 话语语言学。而波斯别洛夫也理所当然地被认为是这一领域的奠基人。

　　传统的语言学，只研究到句子为止，句子以上的单位便不再加以考虑。现代语言科学的发展已经突破了这种限制，新兴的话语语言学就是专门探讨由句子到篇章的一门学科。在这一方面，俄罗斯学者已经做了开拓性的工作。他们找到了句际间的基本联系方式——链式联系（цепная）和平行式联系（параллельная связь），指出了句际间除了可以有相接联系（контактная связь）外，还可以有间隔联系（дистантная связь）。我国学者王福祥（1989：66~81；1994：183~243）总结出如下几种关系：并列关系、说明关系、总分关系、因果关系、条件关系、让步关系、比较关系、递进关系、目的关系、时间关系等。我们的任务除了介绍几种句子间意义关系以外，重点将对句际关系的层次加以分析。

1. 句际间的相互关系

❖ 1）并列关系

两个或两个以上的句子之间，互为平等、独立的关系，各个句子分别说明、描写几件事情，或一个事物的几个方面。例如：

> А ветер усилился, воздух пожелтел от пыли. Небо и все вокруг стало пепельным, как перед затмением солнца. Море гуще запестрело барашками. Птицы попрятались (С. Антонов. Разноцветные камешки).

这个例子中几个句子之间，是一种并列的关系。它们分别写了几个不同的事物——风、天空、大海和鸟儿，各句都是独立的，互不依赖的。它们共同描绘了一幅暴风雨到来之前的景象。

在并列关系中，句子与句子的连接可以如上例那样不用任何连接词，也可以借助 и（也）、тоже（也）等连接词进行。例如：

> ① В этой тьме стоит тишина одинаково над нашими и немецкими окопами. И одинаково прислушиваются в тех и других невидимые часовые (А. Серафимович. Веселый день).
>
> ② Минька долго шел рядом с окном, смотрел на отца. Отец тоже смотрел на него (В. Шукшин. И разыгрались же кони в поле).

❖ 2）连贯关系

在这种关系中，几个句子按顺序说出事件的发展或人物的连续动作。例如：

> Дуганов скользнул между двумя игроками и, ускоряя бег, рванулся к воротам. Один из защитников упал ему под ноги. Дуганов перепрыгнул (Ю. Трифонов. Победитель шведов).

这里描述的是冰球场上比赛的场面。各句所写的人物动作，是一个接一个发生的，几个句子连续而下，成相继的鱼贯式排列。因此各句间的连接不需连接词，而只以动词完成体的形式表示动作是先后发生的。再如：

> Вскоре появился старик садовник. Он скинул рубаху. Брюки упали с него сами. Бечевку, перехватывающую коричневую поясницу, он развязывать не стал, а вошел по колено в море и перекрестился. Потом намылился килом, деловито вымылся и ушел, бесчувственный к блистающей красоте утра (С. Антонов. Разноцветные камешки).

❖ 3）递进关系

有递进关系的句子，后一句比前一句所表达的意思更进一层。例如：

> Почти все дома в деревне новые, построенные в последние десять пятнадцать лет, когда стали хорошо платить за труд и в семьи пришел достаток. Многие дома поставлены даже с избытком в размерах, словно бы хозяева соревновались друг с другом, кто кого превзойдет, или хотели показать, как они крепко и вольно чувствуют себя в своих стройках, совсем не скупятся на материалы и траты, могут припустить даже лишку (Ю. Гончаров. Поживите еще, старики).

这里的第一句介绍说，几乎村里的所有房子都是新盖的，接下来第二句把前面的意思更深化了一层，指出其中许多房子盖得还相当宽敞，两句间的关系是深入递进的关系。

在递进关系中，前后句子一般借助连接词 даже 来衔接，有时前句中用否定的形式，后句用 даже 来连接，会更加强递进的效果。例如：

> Это нисколько не хуже, чем электрофорная машина.
> Пожалуй <u>даже</u> «элементы Лекланше» звучало лучше, волшебнее
> (В. Катаев. Электрическая машина).

◆ 4）对比关系

在这种关系中，前后各句表达的意思是对立的、不一致的。后一句不是发展前面的思想，而是转个弯，朝相反或相对的方向说。例如：

> В поселке гасли огни. Но звезды от мороза разгорались все
> ярче и начинали излучать синеватое сияние (П. Проскурин. Под
> яркими звездами).

这里先说镇子里的灯火已经熄灭了，照理下面要描写漆黑的景象了。然而第二句话题一转，说星星变得愈来愈亮，照亮了大地。前面的句子实际上是后一句的陪衬，以突出后一句的意思。

表达对比关系的连接词有 но（但是）、однако（可是）、зато（不过）等。如下面的例子：

> ① Над землей взошла утренняя заря на небе, и начался
> новый сияющий день –16 июля 1933 года. Однако к одиннадцати
> часам утра этот день уже постарел от действия собственной
> излишней энергии – от жары, от пылящей ветхости почвы,
> затмившей пространство, от тления всякого живого дыхания,

(接上)

возбужденного греющим светом, – и летний день стал смутным тяжким и вредоносным для зрения глаз (А. Платонов. Мусорный ветер).

② Артисты были одеты одинаково – в длинные черные костюмы и ослепительно белые рубашки – и поэтому казались на одно лицо. Зато сколько разных инструментов они принесли с собой (Ю. Рытхэу. Паруса).

❖ 5）接续关系

作者在说完一句话后，觉得意思并没有完全表达出来，于是又补充一句，这时便常常用接续结构，而前后两个句子间的关系便是接续关系。例如：

В это время в Одессе электричество считалось еще большой редкостью. Почти чудом (В. Катаев. Электрическая машина).

在接续关系中，后面的句子是对前面句子的补充确切，它在意义和结构上都不能离开前句，没有第一句则第二句无法理解。再如：

①Жена называла его – Чудик. Иногда ласково (В. Шукшин. Чудик).

② Дядя Леня живет под нами, на втором этаже. Он врач. Правда, зубной (А. Алексин. Поздний ребенок).

❖ 6）客体关系

在客体关系中，后面句子揭示前面句子中行为所涉及对象的内容。例如：

Василиса Михайловна посмотрела в окна. Вечер был ясный, и на фоне светлого лунного неба неподвижно чернели ветви

（接上）

одиноких тополей, и черные тени, как нарисованные, лежали на дороге. Луна светила ярко, и во дворе, казалось, можно было читать газету (С. Антонов. В тихой станице).

这里后两句的内容与第一句中人物的行为有关：第一句中说 Василиса Михайловна（瓦西里莎·米哈伊洛芙娜）朝窗外望去，而后两句所描写的就是她所看见的窗外景象，后面的句子受前面句子的制约，描写是从人物的角度进行的。

一般来说，在客体关系中前面的句子表示人物的行为指向或涉及某一物体，后面的句子则具体阐明或描述这一物体。再如：

Пименов, круто склонившись вперед и налево, тоже прочел записку. На четырехугольном добротном и потому остродефицитном в нынешнее время бумажном листе ярко-красным карандашом и размашисто было написано. «Передай Салехарн – один цилиндр отказал (С. Залыгин. Пилот первого класса Куликов).

这里的第一句写人物探身去看便条，后一句则描述这张便条和它的内容，而这个描述正是从主人公的角度出发的。

◆ 7）原因关系

在原因关系中，一个或几个句子叙述某一事情，而另一个或几个句子则阐明出现它的原因。例如：

Старшему стало обидно. Он собирал ягоды, старался, а его братья и сестры едят их или просто лежат в траве (В. Астафьев. Конь с розовой гривой).

这里前一句指出现象本身 —— 哥哥生气了，后一句则说明产生这一现象的原因。

表达原因的句子可以在后，也可以在前。例如：

> Он был опасно болен. Доктор велел ему сейчас же идти домой (В. Катаев. Электрическая машина).

一般来说，有原因关系的句子彼此间的衔接无需借助连接词语，但有时也可用诸如 потому что（因为）、ибо（因为）、ведь（要知道）等词来连接。例如：

> И она наклонилась и вытащила из-под дивана большую корзинку, в нее были сложены старые игрушки, в которые я уже не играл. Потому что я уже вырос и осенью мне должны были купить школьную форму и картуз с блестящим козырьком (В. Драгунский. Друг детства).

❖ 8）总分关系

总分关系中前后句子之间是总说和分说的关系。一般总说在前，分说在后。例如：

> Добирался он сюда на двух поездах, и оба были неудобны по времени. На скорый попал поздним вечером, ехать было какой-то пустяк, и он не брал постели. Ночью пересел вот на этот «дачник», проторчав перед тем часа полтора в ожидании посадки в переполненном вокзальчике. «Дачник» едва тащился, то и дело скрежетал тормозными колодками и надолго замирал почти возле каждой будки (Е. Носов. Есть ли жизнь на других планетах?).

这里的第一句是总说，它概括了整个段落的大意。接下来的几个句子分别叙述"他"到达这里的过程，是分说。

通常，总分关系中的第一句具有概括意义，揭示后面各句的中心内容，因此它被称作"小主题"。而后面的句子具体展开这一主题。例如：

> В те дни пустынным был восточный берег. Мертвые станки, брошенные избушки. Рыбацкие избы без окон и дверей, по крышу занесенные снегом. Ни дыма, ни огонька, ни человека, ни собаки (В. Горбатов. Обыкновенная Арктика «Рассказ о двух мужчинах»).

在总分关系内部，通常还有其他关系，如上例中，第一句与后面各句间为总分关系，而二、三、四句之间为并列关系。就是说，这里有两个层次，总分为第一层次，并列是第二层次。这一点我们在下面分析句子层次时还要谈到。

◆ 9）确切关系

在这种关系中，后面的句子进一步展开前一句的思想，把它的意思表达得更具体、更确切。例如：

> Филипп в молодости был очень активным. Активно участвовал в новой жизни, спорил, кричал, убеждал, волновался (В. Шукшин. Осенью).

第一句只笼统地说 Филипп（菲利普）年轻时很积极，可是究竟怎样积极呢，在第二句里才进一步展开。

确切关系与总分关系有相似之处：两者均先概括叙述，然后才具体化。区别在于：总分关系中分说由几个句子组成，从不同的方面来揭示总说；而在确切关系中只有两个句子，后一句比前一句在内容上更加具体详尽。再如：

> А у этой мамы был странный характер. Она не ругалась за драку, не кричала, а просто разводила драчунов по разным комнатам и целый час, а то и два не позволяла им играть вместе (А. Гайдар. Чук и Гек).

113

❖ 10）评价关系

在叙事过程中，作者常常要对所述事物给予某种评价或说明、解释。此时句际间便存在着评价关系。例如：

> Андрей Матвеич Жгутов, восемнадцатый председатель Петровского колхоза, стоя посреди дороги, беседовал с группой колхозников. Трудно быть восемнадцатым (Ю. Нагибин. Слезай, приехали).

这里的第一句叙述了一件事实，而第二句则中断这个叙述，对前面所述现象发表起评论来了，因此这两句之间便是评价关系。

在评价关系中，后一句，即评价句，通常是状态词作谓语的无人称句。例如：

> На ее белом лице умирала необыкновенная красота. Не всегда, не часто можно увидеть такое красивое лицо (М. Булгаков. Полотенце с петухом).

有时，为了进一步明确两句间的关系和所指，在评价句中还使用 это 一词来指代前面所提到的事物。例如：

> А Куликов человек общительный, неплохой голос, наигрывает на гитаре, и на груди – орден Красного Знамени. В начале военных лет это было очень серьезно (С. Залыгин. Пилот первого класса Куликов).

2. 句子在超句统一体中的层次

前面我们分析了句子之间的意义关系，这种分析已经突破了传统句法只研究句子内部结构的局限。然而，仅仅注意句际关系是不够的。在一些情况下，相邻的句子之间意义联系很弱，甚至没有任何联系，但话语仍是连贯的。这是因为，在一个上下文中，句子可能处在不同的层次上，孤立地看两个句际间没有关系，但从上下文的角度，它们是密切相连的。例如：

Тут Демьян Лукич резким движением разорвал на ней юбку, я посмотрел, и то, что я увидел, превысило мои ожидания. Левой ноги у нее почти не было. Начиная от колена, это была масса раздавленных костей, мускулов и сосудов. Правая нога была сломана так, что из нее обе кости вышли наружу, разорвав кожу (М. Булгаков. Полотенце с петухом).

这是一个超句统一体，由 4 个句子组成。如果孤立地看，第三、四句是不连贯的，或者说联系极为松散，但从整个上下文来看，各句之间却组织得很协调、自然，语气是通的。原来，该超句统一体中有几个层次，而第三、四句恰好处在不同的层次，因此它们表面上看来便不连贯了。让我们来分析一下这个统一体的层次。

先来看句际间的关系。第一句讲医生撕开受伤女孩的裙子，看到了她的伤口；后面三个句子分头描述她受伤的双腿。第一句与后面句子之间是总分关系，这个关系是统领全局的，因此它是该统一体中的第一层次。余下的三个句子，第二句与第四句之间是并列关系，分别描述孩子的两条腿。第三句与第四句之间没有联系，与前面的第二句之间为确切关系，进一步展开前句的思想。

那么，怎样划分超句统一体的层次呢？首先，要确定句子之间的意义关系；然后，根据这些关系来确定其中最主要的、统管整个统一体的关系，这便是第一层次，接下来依次划分第二、三、四……层次。值得一提的是，在很多情况下，超句统一体中的层次并非像上例那样明显，因此对这些超句统一体的划分就要遵循某种特定的原则。我们来看一个例子：

В воскресенье Варюша пошла за махоркой для деда в соседнее село Мимо села проходила железная дорога. Варюша купила махорку, завязала ее в ситцевый мешочек и пошла на станцию посмотреть на поезда. В селе они останавливались

（接上）

> редко. Почти все они проносились мимо с лязгом и грохотом (К. Паустовский. Стальное колечко).

这个超句统一体由 5 个句子组成,其中两个句子写 Варюша（瓦溜莎），另外 3 个句子写铁路和火车。写 Варюша 的句子之间是连贯关系，表明它们叙述的事情是先后发生的；而其余句子之间是并列关系，没有时间的先后之分。那么，如何确定这个超句统一体中的第一层次呢？我们认为，应该把推动故事情节向前发展的句子之间的关系作为超句统一体中的主要关系，也就是说，叙事性强的句子应处在第一层次上。在这个例子中，第一、三句，即写 Варюша 的句子，比之其他各句更具叙事性，因为它们表达了时间上的发展（请注意这两句中的动词完成体形式和其他句子中的未完成体形式），因此第一、三句间的关系是该超句统一体中的第一层次，余下各句构成第二、三层次。

我们可以做这样一个试验 —— 把第一层次的句子删去，只保留第二、三层次的句子：

> Мимо села проходила железная дорога. В селе они останавливались редко. Почти все они проносились мимо с лязгом и грохотом.

我们根本无法理解第二、三句之间是如何衔接的，以及第三、四句里 они 指的是什么。然而，如果我们保留第一层次的句子，删去其他各句，行文却是连贯的，可以被理解的：

> В воскресенье Варюша пошла за махоркой для деда в соседнее село. Варюша купила махорку, завязала ее в ситцевый мешочек и пошла на станцию посмотреть на поезда.

尽管这里两句间的形式联系欠妥，第二句中的 Варюша 应改作 она（她），但意义上的联系是显而易见的。因此我们说，叙事性强、能推动事件向前发展的句子是超句统一体中的第一层次，其他起辅助说明作用的句子是较低的层次。第一层次是叙述的主线，其他层次是支线。

再举一例：

> Наконец все дела были закончены. Уже запаковали багаж. Приделали второй замок к двери, чтобы не обокрали квартиру воры. Вытряхнули из шкафа остатки хлеба, муки и крупы, чтобы не развелись мыши. И вот мать уехала на вокзал покупать билеты на вечерний завтрашний поезд (А. Гайдар. Чук и Гек).

这里推动事件向前发展的是第一句和最后一句，因此它们构成第一层次；而其他各句是对第一句的分说，属于第二、三层次。在这个超句统一体中，第一、五句是叙述的主线，二、三、四句是支线。支线只是对主线的扩展和补充，而主线则是叙事的重点。两者的关系犹如树干与枝叶的关系：没有树干，枝叶便无从谈起；而没有枝叶，树干则仍可存在。但另一方面，枝叶起到点缀、丰富树干的作用。在以上这个例子中，主线的第一、五句已经把事件的进程交代出来，假如没有中间的 3 个句子，读者仍可了解事情的进展。而作为支线的第二、三、四句则对主线作了补充叙述和细节性的描写。这 3 个句子无疑把事情交代得更加清楚，使叙述更具形象性了。

支线上的句子，既依附于主线，同时也对主线产生影响：没有支线，主线所表达的内容便不完整，有时甚至是难以理解的。让我们以具体例子来说明：

> Филипп Васильевич подсчитал расстояния и центнеры, и его удивило, что машины делают мало рейсов. Он достал карту, стал смотреть маршрут. Машины петляли через Поповку, и рейс удлинялся чуть ли не на десять километров. Филипп Васильевич спросил, почему не используется прямая дорога (С. Антонов. Тетя Луша).

第一、二、四句是叙述的主线，属第一层次；而第三句则是支线，它与前一句构成客体关系，表示主人公在地图上看到的情况。作为支线的第三句，既受制于第二句，又是第四句的基础与前提：没有这一句的描述，后一句主人公所提的问题便没有着落，使人感到费解。然而，作者在该小说再版时却恰好删去了第三句，即叙述的支线，而只保留了主线。请看修改后的这段话语：

> Филипп Васильевич подсчитал расстояния и центнеры, и его удивило, что машины делают мало рейсов. Он достал карту, спросил, почему не используется прямая дорога.

作者删去了原文中的第三句，将二、四句合并为一句。这样一改，行文简练了，但意思却模糊了，对主人公提出的问题缺少了交代。因此读者很难准确理解作品中所讲述的事件。

后来，当该小说再次修订再版时，作者意识到了细节描写在这个超句统一体中的作用，重新恢复了该超句统一体的原貌，即初版时的形式。

通过这个删减与恢复的例子，我们可以进一步看出叙述的主线与支线之间的关系：二者是相辅相成的，主线相对独立，支线既分支于主线，又对其产生影响，辅助展开主线的思想。

而对超句统一体中层次的划分和对叙述的主 - 支线的确认，可以帮助我们理清作品的脉络和事件的发展线索，从而更加深刻地理解和把握原文，掌握话语构成的内在规律。

§2 超句统一体的属性和划界

近年来，尽管话语语言学研究的重点已由超句统一体转向全篇话语，由分析超句统一体中的句际联系及其表达方法转向探讨整篇话语的构成规律及其模式，但超句统一体作为话语的基本单位仍有很多问题没有得到彻底解决，许多问题仍在争论之中，其中最突出的，便是超句统一体的基本属性，即基本特征，及其超句统一体的界限划分。

1. 超句统一体的基本特征

什么是超句统一体？从字面上来分析，它是超出句子的联合体。显然，超句统一体中不能只有一个句子，而有一组句子。那么，什么因素使几个独立的句子结合成为一个超句统一体呢？

首先，是超句统一体的意义向心性（смысловая центростреми-тельность），有的学者称之为凝聚性（интеграция）。也就是说，超句统一体中的每一个句子都围绕一个意义中心展开，这个中心叫做"小主题"（микротема），它概括了一个超句统一体的中心内容。举一例：

> Алеше было двенадцать лет. Он был такой же, как все: ходил в школу, держал голубей на балконе и замечательно умел проникать на стадион без билета. Так же, как и все, он гонял шайбу на дворовом катке и был влюблен в знаменитого хоккеиста Эдика Дуганова. Он был обыкновенным мальчишкой до того дня, когда счастливая случайность... (Ю. Трифонов. Победитель шведов).

这一段中共有 4 个句子。它们都是围绕一个小主题展开的，那就是 Алеша（阿廖沙）。每一个句子都是写这个男孩的：他的年龄、爱好、课外活动，最后一句总结说，他是一个普普通通的孩子。当然，末尾一句还暗示着将要发生一件不寻常的事情，但那将是另一个或几个超句统一体的事了。

那么，如果没有意义向心性，即小主题，超句统一体是否还会存在呢？我们来做一试验，将前面这一超句统一体改为：

> Алеше было двенадцать лет. А его отец работал на заводе «Серп и молот». В это время его бабушка вышла из кухни. Он был обыкновенным мальчишкой...

　　显然，这里已不再有任何意义整体，它只是几个毫不相干的句子的堆砌，尽管各句子间仍保存着形式上的联系。因此我们说，意义向心性是超句统一体最基本的特征。然而，只有向心性是不够的。超句统一体作为全篇话语的一部分，还需具有话语的基本特性——表述的连贯性（последовательность изложения）。也就是说，超句统一体中的句子排列，应该体现一定的逻辑关系。还以前面的超句统一体为例。这里先交代 Алеша 是一个 12 岁的孩子，然后讲他的日常活动和业余爱好，最后总结说他是一个普通的男孩。下面让我们来打乱这个句子的顺序，看结果如何：

> Так же, как и все, он гонял шайбу на дворовом катке и был влюблен в знаменитого хоккеиста Эдика Дуганова. Алеше было двенадцать лет. Он был обыкновенным мальчишкой до того дня, когда счастливая случайность... Он был такой же, как все: ходил в школу, держал голубей на балконе и замечательно умел проникать на стадион без билета.

　　尽管句子本身一字未动，就是说，所有句子仍指向一个意义中心，但这里却不是一个超句统一体，而是无意义的句子罗列。因为我们从中看不出句子间的逻辑关系。

　　超句统一体的第三个特征，是超句统一体中句际间的连贯（связность）。连贯可以分为内在连贯（внутренняя связность）和外部连贯（внешняя связность）。

　　所谓的内在连贯，即我们前面所说的意义向心性，是指超句统一体中句子之间的意义联系。而外部连贯则指句际间的形式联系。当然，二者的划分并没有严格界线：形式不能脱离内容。请看下面一例：

> Мама была машинисткой. Работу она брала на дом. Ей казалось, что отлучись она из квартиры на день – и случится что-то ужасное, произойдет какая-нибудь непоправимая катастрофа (А. Алексин. Неправда).

这里每个后一句都与前一句有着内容和形式上的联系，如没有第一句，我们便不知第二句中的работу（工作）和она（它）各指什么，无法理解它的不寻常词序——为什么将работу提至句首等等。同样，没有前面两句，第三句中的ей（它）也是难以理解的。

总之，在这个例子中，各个句子之间都存在着一定的形式联系：第二句与第一句靠代词替代——она（她）代мама（妈妈）和倒装词序联系起来，第三句与前两句也是依靠人称代词联系的。那么，假如没有形式上的联系，超句统一体又将如何呢？让我们再来做一实验，将上例改为：

> Мама была машинисткой. Мама брала работу на дом. Маме казалось, что отлучись она из квартиры на день – и случится что-то ужасное, произойдет какая-нибудь непоправимая катастрофа.

显然，这里并不是一段连贯的话语。尽管句际间仍保持着意义上的联系，但由于没有形式上的联系，仍不能构成超句统一体。

因此我们说，意义向心性、表达连贯性、形式联系性是超句统一体的三大基本特征，三者缺一不可。而其中最重要的是意义向心性，它是超句统一体的核心，是凝聚句子的基本因素。如果说向心性表现在整个超句统一体的范围内，则形式联系性只表现在两个句子之间，是指句际间的联系；而表达连贯性则介于两者之间：既涉及整段超句统一体，又涉及两句间的联系，它要求逻辑、连贯地表达某种思想。

除以上所列3种基本特征外，超句统一体还可能有另外一些特征。因为这些特征并非每个超句统一体所必需的，所以我们暂且称其为附加特征。属于附加特征的有结构性、情态性和时空连续性。

所谓结构性（композиция）是指超句统一体所具有的某种固定的结构模式。通常认为这种结构为：起句 —— 展题 —— 合句。

起句（зачин）为超句统一体的首句，它用来表达超句统一体的中心内容，即小主题；展题（развитие темы）也称作中间部分（средняя часть），用来揭示小主题的具体内容，进一步展开这一思想；合句（концовка）用来收束超句统一体，总结前面的思想，有时合句也可表达小主题或重复起句中小主题。举一例：

Естественно, что Иван любил Магнитогорск затаенной, но сильной любовью. Город был для него не просто местом проживания, как старые города для своих жителей, – один не мог бы существовать без другого: если бы не город, Иван не стал бы Иваном, если бы не Иван, город не стал бы городом. Отцовская и сыновная любовь одновременно – редчайшее чувство; такое чувство питал Иван к Магнитогорску (Э. Казакевич. Приезд отца в гости к сыну).

在这个超句统一体中，第一句为起句，它揭示了超句统一体的小主题 Любовь Ивана к Магнитогорску（伊万对马格尼特戈尔斯克的热爱），二、三句为展题，进一步阐释 Иван（伊万）和该城市的关系，第四句，即最后一句是合句，总结前面各句并重复小主题 —— Иван 对城市的爱。

超句统一体的另一附加特征是情态性（модальность）。众所周知，现代语言学将情态性分为客观情态性和主观情态性。客观情态性指所述事物与客观现实的关系，是现实的还是非现实的；而主观情态性则指说话人对所述事物的态度。显然，超句统一体中的情态性只能指主观情态性，因为一个包含若干不同客观情态性的超句统一体不可能有统一的客观情态性。

　　主观情态性存在于大量的超句统一体中，如上例，在讲述 Иван（伊万）对自己城市热爱时，也包含了作者对 Иван（伊万）的赞誉，作者用了 затаенной（埋藏在心里的）、сильной любовью（强烈的爱）、отцовская и сыновная любовь（父子之爱）、редчайшее чувство（最难得的感情）、питал чувство（抱有）等词语，以及对偶的句式 если бы не город（如果没有这座城）、Иван не стал бы Иваном（伊万不会成为现在的伊万）、если бы не Иван（如果没有伊万）、город не стал бы городом（城市不会成为现在这样）等，这些都为表述增添了一种庄重色彩，为塑造 Иван 这个忠厚质朴的工人形象铺垫了道路。

　　再如本小节的第一例。仅从短短的几句描述中便不难看出作者对 Алеша（阿廖莎）这个 мальчишка（小男孩）的"偏爱"，甚至连 проникать на стадион（溜进体育场）这样不体面的事情，也要用 замечательно умел（很擅长）这个褒义词语来形容。在诙谐幽默的语气中，塑造了一个顽皮天真少年的形象。

　　另一方面，并非所有超句统一体中都有主观情态性，如在科学、公文等语体中的超句统一体，一般不具有这种属性。即使文学作品的超句统一体，有些也没有情态性，作者只做客观的表述，而不显露自己的情感。但需指出的是，就全篇话语而言，主观情态性是它必不可少的属性。在每一篇话语的深处，都隐藏了作者对所述事物或人物的态度：或褒或贬，或称颂或鞭挞，或讥讽或同情等等。

　　超句统一体的第三个附加特征，是它的时空连续性，也叫做时空连续（пространственно-временной континуум）。

　　众所周知，主体、时间和空间是文学作品的三大要素。要叙述某一事物，表达某一思想，必然要涉及事物发生的时间和所处的位置。而在一个超句统一体中，所描述的事情是在有限的空间和时间段内发生的。让我们举例来说明：

> К старухе Агафье Журавлевой приехал сын Константин Иванович. С женой и дочерью. Попроведывать, отдохнуть. Деревня Новая – небольшая деревня, а Константин Иванович еще на такси подкатил, и они еще всем семейством долго вытаскивали чемоданы из багажника... Сразу вся деревня узнала: к Агафье приехал сын с семьей, средний, Костя, богатый, ученый.
>
> К вечеру узнали подробности: он сам – кандидат, жена тоже кандидат, дочь – школьница. Агафье привезли электрический самовар, цветастый халат и деревянные ложки (В. Шукшин. Срезал).

这个例子中有两个超句统一体，分别在两个自然段落中。第一个超句统一体，讲述了老太太的儿子及其家属回村时的情景。这个超句统一体的空间，就是老太太所居住的小村子。时间虽然没有指明，但可以看出事件发生在一段有限的时间内。超句统一体的时空连续性，就在于表述始终没有离开这个具体的空间和时间。试想，如果在该超句统一体中出现诸如 в городе（在城里）、на другой день（第二天）等字眼，势必会使读者感到费解：为什么叙述出现如此大的跳跃？因此，保持超句统一体的时空连续性，是保证叙述和谐连贯的前提。

但是，这并不意味着文学作品中的时空是始终不变的。有时它们也会出现隔断和变换，而这个时空的断裂，恰好作为划分超句统一体界线的重要依据。如在上面的例子中，从第二个自然段起，空间虽然没有变化，但时间上却出现了跳跃：前面的一段时间已经过去，开始了从傍晚时分的叙述。

有关时空的变换，在下面的超句统一体划界问题上我们还要谈到，这里不再赘述。需要说明的是，在某些说理性文章及段落中，时空范畴表现得不甚明显，时空连续统更无从谈起。

2. 超句统一体的划界

超句统一体的划界问题，是语篇语言学中争论最多，解决得最不彻底，但又必须解决的问题之一。因为不确定它的界线，便无法对其研究，而以后的分类等也更无从谈起了。

那么，怎样从语流，即连贯的话语中切分出超句统一体，以确定它们的界线呢？那就是依据超句统一体的各种特征，而最根本的是依据意义特征，即根据小主题的变换来划分。例如：

> Женился я молодым; баба мне попалась плодющая, восьмерых голопузых нажеребила, а на девятом скопытилась. Родить-то родила, только на пятый день в домовину убралась от горячки... Остался я один, будто кулик на болоте, а детишек ни одного бог не убрал, как ни упрашивал...// Самый старший Иван был... На меня похожий, чернявый собой и с лица хорош... Красивый был казак и на работу совестливый. // Другой был у меня сынок четырьмя годами моложе Ивана. Этот в матерю зародился: ростом низенький, тушистый, волосы русявые, ажник белесые, а глаза карие, и был он у меня самый кожаный, самый желанный. Данилой звали его... (М. Шолохов. Семейный человек).

在这个例子中，开始讲"我"的婚姻，讲老婆如何死掉，扔下几个孩子，这是一个小主题；接下来写"我"的大儿子，写他的相貌等，这又是一个小主题；最后介绍"我"的另一个儿子，写他的长相，这是第三个小主题。根据这 3 个小主题，我们将这一段分为 3 个超句统一体，其界线标志用"//"来表示。

但是，小主题的确定常常有一定的困难，因为它没有客观标准，全凭研究者的主观意志。因此在划分超句统一体时，还要参考它的其他一些特征。比如它的结构性，可以用来帮助我们确定小主题。请看下面一例：

В 1918 году в Астрахани было очень тяжелое положение. Белые подняли восстание и захватили большую часть города.//

Главным руководителем красных войск был тогда Киров. Он работал неустанно день и ночь, сам посты расставлял, сам следил за распределением боеприпасов; он выкинул лозунг: «Астрахань не сдадим!» (Н. Тихонов. Меткий выстрел).

这个例子中第一段的第一句，写 Астрахань（阿斯特拉罕）处在危急之中，这是超句统一体的起句，点明了小主题；第二句是这个超句统一体的展题，具体揭示第一句的内容：为什么说该城市处境危险，险从何来。第二段中的第一句，讲红军当时的领导人是 Киров（基洛夫），这句话显然不是上一个超句统一体的合句，而是另一个超句统一体的起句，表达另一个小主题；接下来的句子又是它的展题，介绍 Киров 是怎样工作的。这样，该例中有两个结构，各自由一个起句和展题组成，没有合句。因此我们将这个例子划分为两个超句统一体。

划分超句统一体界线的另一个重要依据，是时空的变换。如前面 122~123 页所引舒克申（В. Шукшин）短篇小说中的例子，便是根据时间跳跃来确定超句统一体的界线的。一般来说，句首出现表示新的时间段的词语，如 под вечер（接近傍晚）、к двум часам（两点前）、на другой день（第二天）、на следующее утро（第二天早晨）、через три часа（3 小时后）、позже（晚些时候）、после обеда（午饭后）等，常常标志着新的超句统一体的开始。下面我们再举一个空间变换的例子：

Внутри вагона слабым накалом желтоватых нитей светилась лампочка, не в силах побороть мрак, запотелая от влаги человеческого дыхания. Люди, втаскивая мешки, багаж, плотно набивались в душную вагонную тесноту. Андрей, как

（接上）

ни старался, не сумел протиснуться в вагон и остался висеть на подножке, ухватившись обеими руками за деревянный поручень.

Трамвай выполз на прямую, почти без огней улицу; вдоль нее застыли черные, безжизненные громады зданий. Временами на дуге с терском вспыхивали искры, на миг заливая развалины голубым кинематографическим светом. Мелькнули облицованные гранитом колонны, высившиеся над хаосом бетонных обломков, над торчащими из-под навалов гнутыми, перекрученными железными балками, и Андрей, увидевший это в мгновенном трепетном свете, наконец понял, что за улица, по которой идет трамвай, и стал узнавать город (Ю. Гончаров. Война).

在这个例子中，第一个自然段描写电车内的情景，写里面的拥挤、浑浊的空气等，而第二个自然段将镜头移向窗外：街道以及被毁坏的建筑物等。这样，根据空间的变换，我们将这两个自然段划分为两个超句统一体。

此外，句际间的联系性也可作为划分超句统一体的参考因素。一般认为，超句统一体内部句子间的联系，比超句统一体之间的联系更为紧密。因此，句际联系的减弱或消失，就是超句统一体的界线标志。例如：

Маленькая девочка, ее звали Верочка, тяжело заболела. Папа ее, Федор Кузьмич, мужчина в годах, лишился сна и покоя. Это был его поздний ребенок, последний теперь, он без памяти любил девочку. Такая была игрунья, все играла с папой, с рук не слезала, когда он бывал дома, теребила его волосы, хотела надеть на свой носик-кнопку папины очки... И вот – заболела.

（接上）

> // Друзья Федора Кузьмича – у него были влиятельные друзья,
> – видя его горе, нагнали к нему домой докторов... Но там и
> один участковый все понимал: воспаление легких, лечение
> одно – уколы. И такую махонькую – кололи и кололи. // Когда
> приходила медсестра, Федор Кузьмич уходил куда-нибудь из
> квартиры, на лестничную площадку, да еще спускался этажа на
> два вниз по лестнице, и там пережидал. Курил. Потом приходил,
> когда девочка уже не плакала, лежала – слабенькая, горячая...
> Смотрела на него. // У Федора все каменело в груди. Он бы и
> плакал, если бы умел, если бы вышли слезы. Но они стояли где-
> то в горле, не выходили. От беспомощности и горя он тяжко
> обидел жену, мать девочки: упрекнул, что та недосмотрела за
> дитем (В. Шукшин. Как зайка летал на воздушных шариках).

这个大自然段中，共有 4 个超句统一体，而它们的分界处，就是句际联系最为松散的地方。先看第一个超句统一体。它的第一句是个语义和形式相对独立的句子，其中没有任何依赖前文的词语，而第二句则是个非独立的句子，没有上文我们便不知道 папа ее（她爸爸）指的是 чей папа（那人的爸爸）。同样，第三句中的 это 和 его，第四句、第五句中的省略省略了名词 девочка（姑娘）或代词 она（她），都表明这几个句子是非独立句，即其中含有与上文联系的词语。而全段的第六句，即第二个超句统一体的第一句，又是一个独立的句子。接下来是几个非独立句。以此类推，我们不再一一分析。

通常认为，独立句之间联系最为松散，而非独立句之间的联系最为紧密。因此独立句的出现可以作为划分超句统一体界线的参考因素。那么，如何识别独立及非独立句呢？一般来说，含有下列特征之一的句子，就是非独立句：（1）依靠并列连接词与前文联系的，如本例的第七句 Но там... （但是那里……）；（2）借助人称代词、物主代词、指示代词、代副词等与前文联系的，如本例第二句 Папа ее...；（3）句中有省略的，如本例第五句；（4）运用倒装词序与前文联系的，如 Лекция называлась «Сны и сновидения». Читал ее приезжий молодой человек в больших очках – Дима Крутиков.。（讲座名称是《梦与梦境》。做讲座的是一位从外面来的年轻人，戴副大框眼镜，叫季玛·克鲁季科夫。）但独立句并不总是超句统一体的第一句，有时超句统一体从非独立句开始。因此形式联系只能作为划分超句统一体界线的参考。

最后，需要明确一点：无论是以意义为依据，还是以结构、时空变换和句际联系性为依据，所划分出来的超句统一体界线应该是一致的。意义标准是划界的基础，是主要的；其他标准是对它的补充，是辅助的。划分出来的超句统一体长度不尽相同，但一般在 3至 5 句之间。

§3 超句统一体的分类

1. 从功能的角度分类

超句统一体是一个表达相对完整思想的单位。它可以交代一件事情（或事情的一部分），可以描写一个人物（或景物），还可以针对某一问题发表看法。根据这几种功能，我们将超句统一体分为叙述型、描写型和议论型。

❖ 1）叙述型超句统一体

叙述型超句统一体是对某一事件或人物的讲述。这种超句统一体又分为概括叙述型和具体叙述型两类。让我们先看一个概括叙述型的例子。

> Жил на свете маленький цветок. Никто и не знал, что он есть на земле. Он рос один па пустыре, коровы и козы не ходили туда, и дети из пионерского лагеря там никогда не играли. На пустыре трава не росла, а лежали одни старые серые камни (А. Платонов. Неизвестный цветок).

在这个超句统一体中，作者只对"主人公"цветок（一朵小花）作一般性的介绍——交代它的生长地点及其周围的环境。这个概括性的叙述，为后面事件的展开铺设了道路。

一般来说，这种概括叙述型超句统一体出现在作品的开头或者作品的中间介绍人物，而事件尚未展开之时。它的结构特点是多用并列句，句子较长，叙述缓慢平稳，语言的形态特点为动词的未完成体形式较多。

具体叙述型超句统一体则与之相反，它表达的是实实在在发生的事情，有确切的时间和地点。人物的每一个动作，事件的每一步展开都看得见，摸得着。请看下面一例：

> Шурыгин махнул трактористам... Моторы взревели. Тросы стали натягиваться. Толпа негромко, с ужасом вздохнула. Учитель вдруг сорвался с места, забежал с той стороны церкви, куда она должна была упасть, стал под стеной (В. Шукшин. Крепкий мужик).

这里叙述的是一个古老的教堂将被拖拉机摧毁的那一瞬间。事情发生在一个具体的时间里，人物的动作清晰可见。从结构上来看，这个超句统一体中的句子排列，是按照所述事件发展的时间顺序进行的。也就是说，各句所述内容是先后发生的，而不像上例那样没有时间的顺序。这一特点也同样反映在动词的体、时运用上：这里动词均用完成体过去时的形式。为了加快叙述的节奏，作者运用了一连串短小的句子，突出渲染了紧张的气氛。

对比以上两种超句统一体不难看出：在概括叙述中时间范畴退居第二位，而在具体叙述中它占据首位，尽管可能没有被明确指出。

◆ 2）描写型超句统一体

描写型超句统一体用来描绘和刻画人物或事物的某些固有特征。如果说叙述型超句统一体是动态的，那么描写型超句统一体则是静止的。它选取人或事物的某一侧面和某一时刻对其进行描述。

描写型超句统一体可以分为人物描写、环境描写和景物描写。

人物描写，即肖像描写，一般包括人物的相貌、衣着、举止及发式等。例如：

Первым из учительской вышел инспектор. Это был новый инспектор, еще далеко не старый человек, красавец, с острой бородкой и седыми висками. На нем был не сюртук, но форменная щегольская тужурка из толстого черного диагоналевого сукна с серебряными звездочками статского советника на синих бархатных петлицах. Эти серебряные звездочки были похожи на сильно увеличенные снежинки. Его мягкие шевровые сапоги на резинках приятно скрипели, и от него приятно пахло свежим одеколоном и брокаровским мылом (В. Катаев. Электрическая машина).

在这个描写型超句统一体中，先交代了人物的身份、年龄以及相貌。然后写他的服饰，从制服式上衣到软羊皮皮靴。从这一段人物肖像的描写中，我们还看到他的某些个性特点，如根据他的衣着打扮及身上散发的香水气味，可以看出这是一个极注重仪表整洁的人。

环境描写指对人物所处的空间环境的描绘，如一幢房子、一间卧室以及身边的物品等。通过对环境的描写，也可以揭示出人物的某些特点，如家境、职业、爱好、生活习性等等。例如：

> Старушка тоже как будто обрадовалась гостям и ввела их в большую комнату. Пол этой комнаты был грязен, окна пусты, стол был накрыт клеенкой, и эта бурая клеенка с дырами на углах давно уже приросла к крышке стола, высохла и заколенела. В комнате стояли широкая кровать и длинная лавка. В стенах торчали ржавые гвозди... (Г. Семенов. Сим-Сим).

这里通过对老妇人所居住的房间的描写，可以看得出她的家境贫寒，生活孤单清苦，无人照料。

景物描写则是指对大自然风光的描绘，如天气、地理环境及大自然现象等。请看下例：

> Закат почти угас, только маленькая розовая лента, с каждой секундой все более бледнея, чуть окрашивала край пух облака, точно в истоме неподвижно застывшего в потемневшем небе. В степи было так тихо, грустно застывшего в потемневшем небе. В степи было так тихо, грустно, и непрерывно лившийся с моря ласковый плеск волн как-то еще более оттенял своим монотонным и мягким звуком эту грусть и тишину. Над морем, одна за другой, ярко вспыхивали звездочки, такие чистенькие, точно вчера только сделанные для украшения бархатного южного неба (М. Горький. Емельян Пиляй).

这里描绘了一幅海边大自然的画面，傍晚的余晖映照着天上的云彩，静悄悄的草原上只听得见海浪的声音，大海的上空亮起了一颗颗小星星，仿佛特意点缀着夜空。在这个描写中，既有天上的，也有地面的，既有画面的，又有声音的，构成了一幅美丽的景象。

在描写型超句统一体中，动词一般均用未完成体形式，表明被描述事物处在共时状态。

❖ 3）议论型超句统一体

议论型超句统一体，是作者或叙事者对某一事物或现象发表的看法。完整的议论应该包括论点、论证和结论3个部分，但是实际上许多议论型超句统一体只有其中的一两个部分，而将其他部分合二而一。例如：

> Природа вручает женщине предмет ее любви, и она же, природа, как будто не до конца доверяя самой себе, требует от женщины, чтобы она подвергла свой идеал дальнейшей доработке. Дальнейшей «доводке», как сказали бы на современном заводе, выпускающем промышленную продукцию.
>
> И вот если мужчина смел, женщина, по требованию природы, должна работать над тем, чтобы он был еще и умен; если он умен, чтобы был смел и честен, если он бронзовый – кое-где заменить бронзу деревом, если деревянный соединить дерево с бронзой. Если он талантлив, тогда немыслим перечень всего того, что должна совершить женщина (С. Залыгин. Мария и Мария).

在这个超句统一体中，先提出论点，然后具体阐述，假设几种情况来说明它。

议论型超句统一体中的句际关系，实际上就是原因和结果的关系，也就是论点提出问题，而论证则是对它的回答。下面再举一例：

> Человек – как забытый клад в степи: копнешь верхний слой, а за ним столько разных сокровищ и сокровенностей, что дух захватывает... Чего только нельзя найти в прошлом незамысловатом человеке?..(Л. Бухов. Человек и курорт).

这里的第一句中包含了论点和论证两部分，而第二句既是对前面观点的发挥，又是对论述的总结。

在议论型超句统一体中,动词一般均使用未完成体现在时的形式:它不指某一具体时间,而是泛指一切时间。

除以上 3 种类型外,话语中还时常有混合型的超句统一体,即在一个超句统一体中包含了 3 种形式或其中的两种形式。限于篇幅,不再把它作为一类单列出来讨论,仅此提及,以引起读者注意。

2. 从结构的角度分类

超句统一体是由两个以上的句子构成的。超句统一体中的句子之间有着一定的意义和句法联系。研究表明,句际间的联系有两大基本类型:链式联系和平行式联系。根据超句统一体内部句法结构的差异,我们将它们区分为链式结构超句统一体和平行式结构超句统一体。

◆ 1)链式结构超句统一体

在这种超句统一体中,句子之间的联系像链条一样,一环扣着一环。前面句子中的某一成分,出现在后面的句子中。换句话说,对后面句子的理解,要依赖对前面句子的把握。例如:

> Дня через два Климов встретил на улице знакомого инженера когда-то пришлось быть вместе в командировке по одному делу. Тот посетовал. жена у дочери в Калуге, родился внучонок, уехала помогать, проживает там с полгода, не меньше. А его, как на грех, посылают в долгую командировку в Барнаул, Вообще-то это хорошо, оттуда можно привезти полушубок, пофартит дубленки жене и дочери, но квартиру приходится оставлять на замке, а это немного опасно (Ю. Гончаров. Инженер Климов. Вы его знали...).

这里的每个后一句都与前一句有着密切的联系,也就是说,每个后一句中都有一个句子成分是前文中提到的。假如不看第一句，便不知第二句中的 тот（那）指的是谁；没有第一、二句，就无法理解第三句中 его（他）的所指；而第四句中的 это（这），在没有上文的情况下，更是难以琢磨的。

在链式结构超句统一体中，句子的排列可能有以下几种情况：

a）前一句中的补语，成为后一句中的主语

Он жил в непрерывном и легком <u>волнении</u>. <u>Волнение</u> все нарастало, пока не превратилось в ощущение неправдоподобного и почти нестерпимого счастья, когда ему принесли телеграмму всего из трех слов: «Буду двадцатого встречайте» (К. Паустовский. Белая радуга).

b）前一句中的补语，在后一句中仍做补语

Подошли к <u>трактористам</u>, чтобы хоть оттянуть время – побежали звонить в район и домой к учителю. Но <u>трактористам</u> Шурыгин посулил по бутылке на брата и наряд «на исполнение работ» (В. Шукшин. Крепкий мужик).

c）前一句中的主语，在后一句中成为补语

<u>Он</u> стал рассчитывать, строго и внимательно озирая пространство. <u>Его</u> даже увлекала эта непростая охота (П. Тихонов. Поединок).

d）前一句中的主语，在后一句中仍为主语

Не успели мы отдышаться в кленовом полумраке, из дождя начали выпадать <u>градины</u>. Сначала <u>они</u> были маленькие и матовые, как вареные пескариные глаза, и скатывались по кронам, потом покрупнели – волчьи картечины, да и только, и пробивали, лохматили, ссекали листья. Одна градина жиганула Кешу по уху, и в его глазах заблестели невольные слезы (Н. Воронов. Нейтральные люди).

❖ 2）平行式结构超句统一体

在这种超句统一体中，句子之间的关系是平行的、并列的。后面的句子与前面的句子处于相等的地位，而不是像链式联系那样，由前面的句子派生出来。但是，这并不是说，在平行式结构超句统一体中，几个句子是毫不相干，互不联系的。尽管各个句子表达各自不同的事物，但其中某些共同的意义，将这些句子连结成一个完整的超句统一体。例如：

> Над городом белело выцветшее, безоблачное небо. По улице волнами летела острая пыль, и прохожие останавливались, повернувшись спиной к ветру и придерживая шапки. Сухо и бессильно шуршали листья акаций (С. Антонов. Новый сотрудник).

这里的 3 个句子中，有 3 个不同的描述对象：无云的天空、街上刮起的尘土及路上的行人，还有沙沙作响的树叶。这 3 个句子是并列的，互不依附的。但是它们之间有着共同的东西：都在描绘大自然中的景象。被描述的几个事物合为一体，构成一幅完整的画面，而每个句子绘出了这幅画的一部分。

平行式结构超句统一体可以是描绘型的，也可以是叙事型的。例如：

> Кто-то зазвонил в колокол, когда они вошли. Кто-то захлопал в ладоши. Какая-то женщина в джинсах окуталась дымом сигареты, какой-то сильный человек с волосатыми руками принял плащи и унес куда-то. Другой, такой же волосатый, вошел в комнату с балкона, другая женщина в длинной юбке, идя следом за ним зябко поежилась и близоруко сощурилась, вглядываясь в лица новых гостей (Г. Семенов. Святая).

这里连续用了几个平行式句子：кто-то...、кто-то...、какая-то...、какой-то...、другой...、другая...，来叙述客人走进陌生房间时

的情景。这几个句子在意义和结构上都处于平等的地位。

平行式结构超句统一体中的各个句子，可以是相同的结构和词序，如上例中所有的句子都是人称句，都按照主语在前、谓语在后的词序排列；也可以是不同的结构和词序。例如：

> Было тихо на улице. Снежинки летели мелкие и редкие, но они уже успели припорошить скованную дорогу, раскрошенный кочан капусты, желтеющий посреди дороги, крыши и поля. Резиновые сапоги деревянно стучали по промерзшей земле, и идти было легко (Г. Семенов. Куковала кукушка).

在这个超句统一体中，第一句是无人称句，没有主语；而第二、三句则是人称句，都按照主谓语的顺序排列词序。因此我们说，平行式结构超句统一体中的句子，并不一定都有相同的结构，重要的是后面的句子在形式上并不依附于前面的句子。

另外，还存在一种混合式超句统一体，里面既有链式联系，又有平行式联系。限于篇幅，这里不再举例。

3. 从逻辑的角度分类

超句统一体要求逻辑连贯地表达思想。超句统一体中句子的排列，不是杂乱无章的而是遵循着一定的规律，体现一定的逻辑关系的。一般来说，句际间的逻辑关系有 3 种：（1）时间关系；（2）空间关系；（3）总分关系。根据这 3 种关系，我们区分出以下 3 种超句统一体。

❖ 1）时间关系超句统一体

在这种超句统一体中，句子与句子是依靠时间联系起来的。这里又分为顺序时间和倒序时间两种情况。先看第一种情况：

> Четыре дня работали пионеры, удобряя землю на пустыре. А после того они ходили путешествовать в другие поля и леса и больше на пустырь не приходили. Только Даша пришла однажды, чтобы проститься с маленьким цветком. Лето уже кончалось, пионерам нужно было уезжать домой, и они уехали (А. Платонов. Неизвестный цветок).

这个超句统一体就是按照正时间顺序排列句子的：先发生的事先说，后发生的事后说。为了表示时间的流逝，其中用了после того（后来）、однажды（有一天）、лето уже кончалось（夏天已经过去了）等词语，说明各句间的时间关系。

另外，文学作品中还大量使用倒时间顺序排列句子的方法。例如：

> Филипп оделся потеплее и пошел к парому. Паромщиком он был давно. Во время войны его ранило в голову, работать плотником он больше не смог и пошел паромщиком (В. Шукшин. Осенью).

这里，后两句所叙述的内容，显然发生在第一句的内容之前。其中第三句的内容又在第二句的之前。

❖ 2）空间关系超句统一体

在这种超句统一体中，句子的排列是按照人或事物所处的空间位置依次进行的。例如：

> У самой воды выглядывали из травы голубые незабудки. А дальше цвела дикая рябина. А еще дальше высокой стеной поднимались высокие кусты боярышника и шиповника. Ветки их так переплелись, что казалось, будто красные цветы шиповника и белые цветы боярышника расцвели на одном и том же кусте. Шиповник повернул цветы к солнцу. Его цветение совпадало

（接上）

с самыми короткими ночами – нашими русскими северными ночами, когда соловьи поют всю ночь, и солнце почти не уходит за горизонт (К. Паустовский. Во глубине России).

这个超句统一体是按照从近到远的顺序展开的，其中用了 дальше（往前）、еще дальше（再往前）等词语，来表示所描述事物的空间位置。

说到这里，有必要明确一点：根据时间和空间关系划分出来的超句统一体，在形式上很像叙述型和描写型超句统一体。的确，它们在很多情况下是吻合的。但是两者并不是一回事。首先，叙述、描写和议论是根据超句统一体的功能，即所起的作用划分的，而时间、空间和总分则是根据超句统一体内部句际间逻辑关系来确定的。其次，这两种分类方法有时并不吻合。例如：

Лейтенант Анатолий Гурьянов медленно ехал на гнедом своем коне Наскоке. А за ним ехали его пушки. Впереди разведчики внимательно рассматривали дорогу (Б. Тихонов. Мост).

这是一个叙述型超句统一体，然而它里面句际之间并非是时间关系，而是空间关系，用 за ним（在他们后面）、впереди（在前面）来表达这种关系。再如：

Она сидела на кроватке, лицом к окну. Подбитая ракета, распадаясь в воздухе, освещала блестящие от слез глаза и светлые волосики, до того легкие, что их колебало дыхание. Наконец небо погасло, и тотчас же в силу вошли осенние звезды. Поздний месяц, как светлый ковшик, закачался в окне (В. Инбер. Бессонница).

这个超句统一体是属于描写型的，但是句际间却体现了时间关系，如后两句中完成体动词的运用以及表时间的副词 наконец（最后），都表明时间关系占主导地位。所以我们说，功能分类和逻辑分类是不一样的。

❖ 3）总分关系超句统一体

这种超句统一体是按照所述事件的重要性来排列句子次序的。把所要表达的重要内容，即中心思想，先总说；然后再分述其他内容，进一步展开中心思想。例如：

> Через две недели провожали вчерашних десятиклассников. Ломкая колонна неторопливо вытягивалась из школьного дворца, а по обе стороны стояли люди. Мальчишки кричали и махали плакатами, взрослые молчали. Колонна двинулась по переулку, сворачивая на Арбат, к Смоленской, провожающие шли по тротуарам, а девушки, надевшие в этот день лучшие свои платья, в драгоценных туфельках семенили по мостовой. В конце Арбата стали отставать знакомые, потом друзья, но девушки шли до конца, до Киевского вокзала, до ворот, дальше которых никого не пускали. И стояли у этих ворот тихо и обречено, пока ребят не погрузили в эшелоны (В. Васильев. Старая «Олимпия»).

这里叙述的是战争开始时送 10 年级学生上前线的情景。在这个超句统一体的第一句里便点明所要叙述的中心内容，这一句是总说。以下各句详细描述送别的过程：队伍怎样行进，孩子和成年人的表情如何，以及姑娘们的行动等等。这些句子是分说，进一步展开第一句的内容。

一般来说，在总分关系超句统一体中，第一句是核心，称为小主题，后面各句围绕小主题而展开，进一步揭示它的内容。再看一例：

> В Усть-Курте мне не повезло. Начальника строительного района, к которому я летел на самолете из Москвы, ехал на поезде из Иркутска и тащился на развальнях, на месте не оказалось. За день до моего приезда он отправился в управление на совещание, и до такой погоды раньше чем через неделю его не ждали (С. Антонов. Порожний рейс).

这个超句统一体的小主题就是第一句，它概括了超句统一体的核心内容。接下来的几个句子都围绕这个小主题展开，进一步说明它。

在一些总分关系超句统一体中，为了更加突出中心思想，在结尾时也使用有概括意义的句子，形成环状结构。此时的句际关系，可以称为总分总关系。例如：

> В те дни пустынным был восточный берег. Мертвые станки, брошенные избушки. Рыбацкие избы без окон и дверей, по крышу занесенные снегом. Ни дыма, ни огонька, ни человека, ни собаки (Б. Горбатов. Обыкновенная Арктика. «Рассказ о двух мужчинах»).

这里第一句先点明了小主题，然后对它分述，进行个别描写，最后一句重又概括小主题，用排比的形式突出这一思想。

以上列举了超句统一体分类的几种情况。由于篇幅限制，很多观点无法细述。但仅从以上的粗略分析中，便不难看出超句统一体的某些特点以及连贯话语的构成规律。句子在话语中的排列，不是随随便便，杂乱无章的，只要我们细心观察，可以找出一些规律性的东西。

§4 超句统一体在教学中的应用

研究超句统一体及其构成规律对外语教学，尤其是连贯语教学有着积极的意义。多年来，外语界有一种提法：打好基本功，扩大知识面…… 何谓基本功？有人解释为语音、语法、词汇三要素。那么，是否意味着练好发音，掌握语法，记住单词就等于学会一门外语呢？问题显然没有这样简单。我们不妨对学生习作中的两句原文加以分析：

> У нас в институте большая спортивная площадка. Каждый день после занятий на площадке много студентов: одни играют в баскетбол, другие – в волейбол или в футбол.

从语法和词汇角度看，这两个句子都是正确的，而且交际目的也已经达到：读者一看便知讲的是什么。但用话语的观点来分析，第二句中有两点不妥：词序和句际连接手段。先分析一下词序。根据连贯话语的实义切分法，在没有主观评价及感情色彩的话语中，主位在前，述位在后。而在上例的第二句中，площадке（操场）是主位，其余为述位，на площадке（在操场上）应调至句首。因此，上述原文应改为：

> У нас в институте большая спортивная площадка. На площадке каждый день после занятий много студентов: одни играют в баскетбол, другие – в волейбол или в футбол.

下面再看句际联系。上述两句原文是靠名词重复的方法连接起来的，而实际上俄国人在此种情况下更喜欢用人称替代的方法，即把 на площадке（在操场上）改为 на ней（在它上面）。这样，原文应改为：

> У нас в институте большая спортивная площадка. На ней каждый день после занятий много студентов: одни играют в баскетбол, другие – в волейбол или в футбол.

142

由此可见，外语教学不应仅限于语言教学，还应包括言语及连贯话语的内容。应该让学生了解有关的话语知识，熟悉连贯语的构成规律，掌握常用的句际连接方法。在实际教学中，还应结合汉语的特点及学生言语（口头或书面）中常见的错误，进行对比分析，使学生有现实感。

我们认为，连贯语教学从低年级起就应贯穿于实践课中，使学生从一开始就懂得连贯的概念，学会识别哪些句子间是连贯的或不连贯的。比如可选取下面两组句子让学生判断，指出其中连贯的并说明原因：

> ① Китай – одна из величайших и древних стран мира. Наши дети очень любят сказки. Какое время года часто льют дожди?
>
> ② Китай – одна из величайших и древних стран мира. Она находится в Восточной Азии. По числу населения Китай занимает первое место в мире, а по площади – третье после России и Канады.

根据学到的知识，学生马上会看出，第二组句子是连贯的，因为它们都用来揭示同一个小主位——Китай（中国）。由此使学生懂得，连贯的表达就是围绕一个中心思想进行，即所谓的扣题，凡与此中心有关的就写（或说），无关的就摒弃；关系密切的详写，关系不大的略写。而下面一段习作中就有与中心意思无关的离群句子：

> Мой брат – очень способный мальчик. У него в школе много друзей. Ему всего 12 лет, а он уже научился чинить электроприборы: магнитофон, радиоприемник и даже телевизор. Отец с гордостью называет его «мастером на все руки».

这段话的中心意思是夸奖弟弟的才能，而第二句与这一思想无关，是个多余的句子，应该删去。

前面已经谈到，话语中的句子排列是有次序、有层次的。先说什么和后说什么，是由逻辑关系决定的。因此，连贯语教学问题在某种程度上也是培养学生逻辑思维的问题。教学中可以采用以下练习：教师选取某段话语，打乱句序，然后要求学生按照事物发展的逻辑关系和句子的外部形式，将它们重新组织成连贯话语。例如：

> В этой вечер люди по традиции выходят полюбоваться луной, едят «юэбин». Недаром ей посвящен специальный праздник. который называется «праздник Луны» или «праздник Середины осени». Его встречают 15-го августа по лунному календарю, когда луна бывает особенно яркой и красивой. Луна играла большую роль в старом китайском календаре.

经过思考，学生很快会理出其中的层次关系：这四句话都是围绕 луна（月亮）展开的，而第四句中 луна 第一次被提到，因此它应该是这个超句超句统一体的第一句；接下来由 луна 引出传统的节日 праздник Луны（中秋节），因此第二句应该紧跟上句，这两句的句际联系是代词对应 луна – ей（它）；再往下交代节日的时间，并且 праздник（节日）和 его（它）的对应关系也恰好说明第三句是这个超句统一体第三句，最后一句是练习给出的第一句，讲人们如何庆祝这个节日，所用的连接手段是指示代词 этот（这个）。

与此同时，还可举出学生习作中的层次颠倒错误作为反面例子加以比较。例如：

> Незаметно прошли каникулы, и начался новый семестр. ① Ой, как бежит время! ② К первому сентября мы уже вернулись в институт... ③

这里应先说"时间过得很快"，然后才能谈到"暑假不知不觉地过去了"，继而由开学引出学生返校等话题，因此调整后的语序应该是：②①③。

最后谈一下表达的一致性问题。任何事物都存在于一定的时间和空间中，对事物的描写或阐述，一般也应选取一定的时间和角度进行，不能忽东忽西，忽此忽彼，那样便会破坏超句统一体的一致性。如下面一段习作：

> Мой любимый человек – учитель по физике. Когда мы учились в школе, он помогал нам не только в учебе, но и в жизни. Сейчас хотя он уже на пенсии, по-прежнему заботится о своих учениках. Помню, однажды я заболел, учитель на своем велосипеде отвез меня в больницу...

这里叙述的时间出现了不和谐的跳跃：一会儿讲教师的现状，一会儿又回忆中学时代发生的事情。改正的方法或删去第三句，或先集中写教师的现状，然后回忆往事。

另外，学生作文中在表达的角度上也经常出现混淆现象。例如：

> Мы поднялись на вершину горы. Перед нами открылся широкий вид парка. Вдали зеленый густой лес, а под ногами река, как длинна лента, течет с севера на юг. На берегу реки видно, как рыбы играют в воде.

这里开始讲"我们"登上山顶，看到山下的树林和小河，此时叙述的出发点在山上，而第四句却将叙述角度移至山下的河边，这样就出现了视点上的矛盾，因此应将这个句子删去。

第四章　信息性

§1 信息与信息性

1. 信息量与信息性

所谓"信息"，有两个含义：一个是人们通用的概念，另一个是术语。通用的信息指任何话语，可以是一个句子，也可以是句组，或者整个语篇。第二种意义的信息，即术语概念的信息，常见于交际理论的著作中，专指获得关于客观现实中事物、现象、关系、事件的新消息。这种术语的概念排除了我们头脑中已有的和已经部分认识的事物和现象。

根据第一种认识，考察语篇的质量主要看它所承载的广义信息量的多少，称为信息的饱有量（информационная насыщенность），这是评价语篇作用的标准之一。而按照第二种信息标准，衡量一个语篇的价值，不仅要看信息量的多寡，还要看新信息和有效信息的多少，这是更重要的指标，称为语篇的信息性（информативность текста）。如何在有限的篇幅内提高信息性，这是写作者或说话人追求的目标，也是语篇语言学着重探讨的课题。

语篇研究者博格兰德和德莱斯勒在他们的著作《语篇语言学入门》中提到语篇的 7 个标准，其中之一就是"信息性"。他们认为，信息性是指对于语篇的接受者而言它所承载的信息超越或低于期望值的程度，即语篇中的事件在多大程度上是预料之中的还是意外的，是已知的还是未知的或者是不确定的。接受者更愿意解读和处理新信息比较多的语篇。这个观点得到许多语篇研究者的认同，俄罗斯圣彼得堡大学的菲利波夫（К. А. Филиппов）教授在阐释该观点时还转引了博格兰德和德莱斯勒这本书中的一个例子：一家电话公司给用户的通知，提醒他们不要随便在院内挖掘，以免毁坏地下电话电缆。（Филиппов 2003:108）通知有两种表达方案。

① Позвоните нам, прежде чем копать. У Вас может проходить подземный кабель. Если Вы повредите кабель, то у Вас не будет света и к тому же Вас может сильно ударить током. Тогда Вы будете вообще не в состоянии позвонить нам.

② Позвоните нам, прежде чем копать. Может быть, потом Вам будет совсем не до этого.

就篇幅和信息量来说，方案①胜于方案②，因为它承载了更多的信息。但从效果来看，方案②却优于方案①，因为它是全新的信息，没有多余的话语。按照博格兰德和德莱斯勒的说法，人们更愿意接受新的和意想不到的信息，显然方案②更符合这个要求，此外它还带有一些幽默。也就是说，如果语篇中的"杂质"信息冗余，其质量就下降；反之，如果语篇承载了最大量的新信息，质量自然就提高了。

2. 语义节省与语义富余

语篇由各个超句统一体组成，后者又由句子构成，它们一起支撑起语篇的表层结构。研究表明，表层结构中语言符号的数量与深层结构中表达的信息量并不吻合，这是由于语言符号的不对称性所致。当符号数量少于内容数量时，等于用较少的语言表达了较多的信息；而当语言符号多于所要表达的内容时，情况正好相反。瓦尔吉娜（Н. С. Валгина）称前一种现象叫"语义节省"（семантическая экономия），后一种为"语义富余"（семантическая избыточность）。她解释说，语义节省，是指在语篇表层结构中，没有直接指出深层结构的某个成分，即省略了某个成分；而语义富余，指在表层结构中若干个成分同时指向深层结构中的一个成分。（Валгина 2003:232）

语义节省时，语篇中一定有某些隐含的意义成分，这种属性使得写作者或说话人可以用最少的言语手段来表达最多的信息，这就是语义节省的作用。语义富余则反映出说话人的表达水平较低，或者是作者的行文需要，把它作为一种特殊的修辞手段。

特别需要指出的是，语义节省和语义富余是一个相对的概念，除了作者或说话人因素以外，还要看语篇的接受对象，即读者或听众。经常有这样的情况："对于一个接受者来说，信息是新的，即有信息性，而对于另一个接受者来说，同样信息则可能失去了信息性，因为该信息的内容是他已经知道或者无法理解的。"（Котюрова 2003:108）换句话说，同样一段话语，对于一部分人来说信息适度、难度适中，而对于另一部分人来讲，则可能信息富余或者难以理解。比如一名大学生向老师请假去参加托福考试，无须做任何说明，老师就能解读"考托福"这个信息。而这位学生向农村的父亲要钱去考托福，他可能要对父亲解释一番，诸如"托福是出国前的一种考试，很多国家要求外国学生必须参加这项考试"等。托福成绩出来后，学生只需对老师说考了600多分，听话人就足以清楚考生的英语水平。而对于当农民的父亲可能还要再交代两句，这是很不错的分数，估计录取没有问题。

由此可见，无论是语义节省还是语义富余，起关键作用的不仅有作者及其意图，还要考虑接受对象，即读者的文化水平和认知能力，这里就涉及语篇的定位，即所谓的语篇设码或解码

（кодирование/декодирование）问题。

一般来说，语篇作者把读者定位在中等读者群。但"中等读者"的概念是相对的，比如报纸和文学作品的中等读者是大众，一般应该具有初高中以上文化程度；而科学著作是写给该领域的专家的，对这类文章来说，专家就是中等读者。因此，在确定语篇信息有效程度时，重要的参考依据是读者对语篇的适合程度。从这个意义上讲，读者分为3种类型：

① 符合作者意图的，即符合中等读者要求的；

② 没有达到中等读者知识水平的；

③ 超过作者知识水平的。

显然，对于第三类读者来说，语篇中的有效信息接近零，而信息富余几乎是100%。第二类读者在接受语篇时有困难，他的背景知识不足，因此所接受信息的有效性大大降低了。对于第一类读者，信息的有效性刚好合适，当然也可能有多余的信息存在。这主要是那些所谓的"包装材料"，如各种插入语和插入句、言语套话、语句重复等。但完全没有富余信息是不现实的，而且那样只能带来负面的结果，因为"没有稀释的浓缩材料"（Валгина 2003:233）是很难消化的。

此外，"节省／富余"的概念还与功能语体有密切的关系。公文语篇（例如法律文件），一般不允许语义节省，以保证信息的完整准确，不得有任何歧义和猜想。在科学语篇中，也要保证信息的精确严谨，但这里也有语义节省的个别形式，如论文提纲、摘要、书评等。政论语篇里，如报纸和电视的广告，用词简练浓缩，语义节省被广泛采用。而在文学作品中，该简则简，需繁就繁，要根据语境的需要，其总体目标是为了塑造形象。

无论节省信息还是富余信息，通常都是就整个语篇而言，但也可以表现在单个的语句或超句统一体上。在保留信息量不变的情况下，说话人可能把两三个意思合并为一个句子表达。此时，在内容层面上，这是逻辑扩展的结构；而在语言层面上，则是收缩的结构。这就为显现（экспликация）和隐含（импликация）传达信息提供了土壤。在建造语篇时，要根据不同的信息语用目的来选择一定的表达方式。词语富足的句子，在语法和逻辑上都是充分展开的结构，能够以最大的精确程度来表达思想。这种句子在公文、科学、教科书等语篇中是最理想的。压缩的结构可能导致表达上的多义性、不确定性、模糊性，但这往往正是文学语篇所需要的，以给读者留有充分的想象空间。

由此可见，语篇的信息量不仅可以从信息的有用性／无用性的角度来考察，还可以从构成语篇的单位来看。表达思想的隐含形式和显露形式使得我们得以了解语篇质量的另一个属性，那就是语篇结构的松与紧。

3. 语篇结构的松与紧

有些语篇，表面上看来字数很多、信息不少，其实没有多少新东西；另一类语篇，表达极度压缩，充斥着新信息。瓦尔吉娜称这种现象叫结构的不紧张性或紧张性（ненапряженность / напряженность）（Валгина 2003:234），我们简称"松"与"紧"。当新信息最大程度饱和时，语篇结构带有很强的紧张性，信息性提高了。但另一方面，过度的紧张又会带来理解上的困难。因此，如何把握紧张度，是写作者或说话人必须予以考虑的。我们看一个例子：

> ① Я вошел в комнату. В ней было большое окно. Через него был виден угол противоположного дома.
>
> ② Я вошел в комнату. Через большое окно был виден угол противоположного дома.

这是瓦尔吉娜（Валгина 2003:235）援引的一个例子。此例中，方案①的表述不紧张，每个前句的述位都成为后句的主位，即所谓的链式结构 комната（房间）– ей（它）– окно（窗户）– его（它）；方案②删减了一个句子，打破了主位／述位链，在 большое окно（大窗户）和 комната（房间）之间出现了语义缺口，即表述上出现了跳跃。然而研究者却发现，语句完整的表达未必符合交际需要，从信息的角度来看，方案①中的第二句完全是多余的，因为只要稍微具有逻辑推理常识的人都可以明白，屋子一般都是带有窗子的。也就是说，方案②更容易为人们所接受。

此类例子在我们的观察中俯拾皆是。这里仅举俄、汉语各一例：

> ① Он вышел из горкома через час. Начинался дождь. Мелкие капли покрыли рябью асфальт (Д. Гранин. Собственное мнение).
>
> ②周太太领他去看今晚睡的房子，就是淑英生前的房。梳妆桌子上并放两张照相：一张是淑英的遗容，一张是自己的博士照。（钱钟书：围城）

这两例中各有一个叙述上的缺口：在说明人物行为后，没有作专门的铺垫，就引出了新的命题 —— 例①开始描写户外的自然，例②描写室内的陈设。但读者丝毫觉察不出跳跃，就像电影中的镜头：人物走到街上就看到了下雨，走进房间则见到了摆设。这种结构安排是合情合理的，若加上类似 Он увидел（他看到）这样的交代，反而是不可接受的。

以上两例均为文学语篇，其他语体作何处理？比如科学语篇？前面讲过，除了个别的表现形式外（论文提纲、摘要等），一般科学语篇不宜语义节省，也就是说，结构不能太紧。情况是否如此？我们仿照瓦尔吉娜的例子做了这样的实验：

① Язык в действии – это текстовая деятельность. Люди общаются не отдельными словами и предложениями, а именно текстами.

这两句话读起来相当费解，虽然有相同的语义场词 текстовая （篇章的）、текстами（语篇），但形式和意义仍不连贯。其原因在于交际链的中断,或称语义缺项:第二句的主位 люди общаются（人们交流）在回指中找不到先行词，即前句中没有义项与之呼应。由此读者可以作出判断：其中必有语义缺省。事实的确如此。我们在实验中删节了一个句子，现恢复如下：

② Язык в действии – это текстовая деятельность. Текст – основная единица общения. Люди общаются не отдельными словами и предложениями, а именно текстами (Н. В. Шевченко. Основы лингвистики текста).

这样，主位／述位结构就搭建起来了：язык（语言）– текстовая （语篇的）– текст（语篇）– общения（交流）– общаются（交流）– текстами（用语篇）。可见，科学语篇里截断交际链会影响到信息传递的畅通。但我们不急于下结论，再作一例实验：

③ Лингвистика оперирует двумя весьма важными, фундаментальными понятиями – язык и речь. Первая изучает языковые системы, вторая – речь.

这两句话同样似懂非懂，因为它同前例一样，虽然有相同的关键词 язык（语言）、речь（言语）、языковые（语言的）、речь（言语），但后句的主位 первая/вторая（第一或第二）无落脚点。至此读者自然明白其原因。

④ Лингвистика оперирует двумя весьма важными, фундаментальными понятиями – язык и речь. Фактически

（接上）

> формируются <u>две сферы исследований</u> – <u>лингвистика языка и</u>
> <u>лингвистика речи</u>. Первая изучает языковые системы, вторая – речь.

这是我们恢复例③后的语篇。主位（первая/вторая）在回指中找到了先行词 лингвистика языка（语言语言学）、лингвистика речи（言语语言学）。应该说，语篇的衔接性已不容置疑。然而，我们要告诉读者，这并非该片段的全部，它的原貌如下：

> ⑤ Лингвистика оперирует двумя весьма важными, фундаментальными понятиями – язык и речь. <u>Раньше лингвистика</u> <u>изучала язык, систему языка, теперь</u> – <u>язык и речь</u>. Фактически формируются две сферы исследований – лингвистика языка и лингвистика речи. Первая изучает языковые системы, вторая – речь (Г. Я. Солганик. От слова к тексту).

我们惊奇地发现，例⑤中增加的句子，在缺省时并未直接影响语篇的连贯。至此，我们是否大体看出以下一些规律？

在接受文学和政论语篇时，读者经常可以根据语境和头脑中已有的世界知识，自动生成语篇中缺省的信息成分，无须作者详述每个环节。而在科学语体中，涉及专业术语和作者的逻辑思维方式，读者单凭百科知识难以填充省略的语义信息。但这里情形也不尽相同，可能有两种情况：链式的主位／述位结构（前句的述位充当后句的主位）不宜省略，因为它是一环扣一环的，如例②的 язык в действии（使用语言）（主位）／ текстовая деятельность（语篇活动）（述位）／ текст（语篇）（主位）／ единица общения（交际单位）（述位）／ люди общаются（人们交流）（主位）和例⑤的 лингвистика（语言学）（主位）／ язык и речь（语言和言语）（述位）／ лингвистика языка и лингвистика речи（语言语言学和言语语言学）（述位）／ первая.., вторая...（第一…，第二…）（主位）；而在平行式结构里（前句的主位在后句中仍做主位），在个别信息缺省的情况下，不至于完全影响对语篇的理解。

总之，在处理语篇结构"松"与"紧"时，要把握适当的度。过松影响语篇的信息性和质量，过紧则导致意义的不确定性，并造成理解的障碍。在科学语篇中，尤其是教科书，通常不留出意义空位，以防止因结构紧张而妨碍解读。

一般来说，文学语篇更能够容忍紧缩的表述，并以此达到表达的简练和寓意深刻。在不损失意义的前提下，在读者的背景知识足以填补语义缺口的情况下，作者总是希望能够尽量简洁地表达思想，也就是说，在某种程度上提高语篇的紧张性。

4. 提高结构紧张性的若干手段

加强结构紧张性并进而提高语篇信息性，是写作者或说话人改善语篇质量的途径之一。在保持语篇信息量不变的前提下，通过紧缩篇幅来提高信息性，即用最经济的语言手段最大程度地表达思想，是写作者或说话人追求的目标。

提高语篇信息性的手段很多，这里我们只分析其中的几种，材料来源全部是笔者近年来收集和整理的名作家修改原作的例子。我们看到，在大作家的笔下，提高语篇信息性的重要任务，就是用最精练简洁的语言表达意思，尽量减少可有可无的词语。

◆ 1) 常识的概念可减

有许多概念，属于世界知识范畴，读者不点自明。例如：

①

原文

> Он снял с головы свою зеленую фуражку и стал махать, чтобы люди садились (К. Симонов. Живые и мертвые).

（接上）

改文

> Он снял свою зеленую пограничную фуражку...

②

原文

> Поглаживая маленькие усики <u>под носом</u>, улыбаясь, идет сбоку (Г. Бакланов. Пядь земли).

改文

> Поглаживая маленькие усики, улыбаясь, идет сбоку.

③

原文

> – Я была уверена, что несправедливость, – серьезно говорит Лена, <u>встает с кресла, в котором сидит,</u> подводит Алексея к зеркалу на стене. – Смотри, сколько у тебя седых волос (Н. Давыдова. Любовь инженера Изотова).

改文

> – Я была уверена, что несправедливость, – говорит Лена и подводит Алексея к зеркалу. – Смотри, сколько у тебя седых волос.

"从头上摘下帽子""长在鼻子下面的小胡子""从刚才坐着的椅子上站了起来"这样的说法，不仔细推敲，真难以看出毛病，更何况出自大作家的手笔。但事实上加下划线的语词就是多余的，因为它们都属于人类共有的知识范畴，无须特意交代。

❖ 2）已包含的命题可略

有些内容和概念，虽然不属于读者头脑中已有的，但在逻辑推理中已经包含了这样的命题，就不必赘述。例如：

①

原文

　　Тот не расслышал и переспросил. Синцов устало повторил свой вопрос, и Хорышев ответил ему так же устало, <u>как он спрашивал</u>… (К. Симонов. Живые и мертвые).

改文

　　Тот не расслышал и переспросил. Синцов устало повторил свой вопрос, и Хорышев ответил так же устало…

②

原文

　　Морозов по предмету своему <u>никогда не ставил ни троек, ни четверок,</u> были у него две оценки: двойка или пятерка (Ю. Бондарев. Тишина).

改文

　　Морозов по предмету своему ставил только или двойку, или пятерку.

　　"一个人懒洋洋地重复了他提出的问题，另一个也那样懒洋洋地给予回答"，这样的表达就足够清楚了，无须再用"就像他问的那样"来说明，因为"那样懒洋洋"这个表述就已经包含了"问"的命题。"只打 2 分或 5 分"这个命题，逻辑上就排除了 3 分和 4 分，再要说出后者，就是语义富余。

❖ 3）说过的话可省

　　"已有信息"包含两个意思：一是读者头脑里原来存有的，二是刚刚阅读过的，即前文讲到的。在接受语篇过程中，读者不断把新信息与前文的交代联系起来，形成完整统一的画面。从这个角度来说，在语境未变的前提下，说话人不必重复用过的词语。例如：

①

原文

Встреть он такую женщину, он, наверное, женился бы <u>на ней</u> (К. Симонов. Живые и мертвые).

改文

Встреть он такую женщину, он, наверное, женился бы.

②

原文

Из людей, с которыми он начал войну, в строю осталось <u>человек</u> семьдесят (К. Симонов. Живые и мертвые).

改文

Из людей, с которыми он начал войну, в строю осталось всего семьдесят.

③

原文

Он с трудом перевернулся на левый бок и, опершись на локоть, сел. Вся правая сторона груди, плечо и рука были <u>у него</u> в крови (К. Симонов. Живые и мертвые).

改文

Он с трудом перевернулся на левый бок и, опершись на локоть, сел. Вся правая сторона груди, плечо и рука были в крови.

这 3 例有一个共同的特点：语境中前后话题没变。例①中，前

句中提到了 женщина（妇女），后句还讲这个人，因此只要说"娶"，读者就会自动与前文的女人对号；例②前后句都是讲部队人员，后句就不必再重复"人"了；例③中只有一个人物，根本不必用代词重指。

◆ 4）有些表达可缩

任何语言中都有同义表达手段，作为写作者或说话人的选择资源。为了精炼语言（提高语篇的信息性），作家们在修改原文时，经常会舍繁就简，用一句取代两句，用简单的词组取代复杂的短语。试比较：

①

原文

Будь он на месте Сарпилина, он бы ответил то же самое (К. Симонов. Живые и мертвые).

改文

На месте Сарпилина он бы ответил то же самое.

②

原文

На столах стояло несколько телефонов, за ними сидели обалдевшие от крика майор – комендант города – и еще два майора-железнодорожника (К. Симонов. Живые и мертвые).

改文

За столами у телефонов сидели обалдевшие от крика майор – комендант города – и еще два майора-железнодорожника.

③

原文

> Закурили, <u>стоя у</u> распахнутого окна… (Ю. Бондарев. Тишина).

改文

> Закурили <u>около</u> распахнутого окна…

❖ 5）"看见" "说" 等词可略

前面已经提到，语篇中经常不需要用"看见"等字眼，而直接把人物所见的景物加以描写，这里不再赘述。还有一种情况，即表示"说""写""问"等意义时，作者也可省略这些词语，因为俄语里的书写标志（前后破折号或引号）足以将作者言语与人物话语区别开来。例如：

①

原文

> – Тогда еще сплю, – <u>сказал</u> Серпилин и закрыл глаза (К. Симонов. Живые и мертвые).

改文

> – Тогда еще сплю, – Серпилин закрыл глаза.

②

原文

> – Войдите, – <u>крикнул</u> Сергей, скидывая ноги с дивана (Ю. Бондарев. Тишина).

改文

> – Войдите, – Сергей скинул ноги с дивана.

③

原文

　　– Ну, как живешь, Сирота? – спросил он, крепко своей тяжелой рукой пожимая такую же тяжелую руку Сироты (К. Симонов. Живые и мертвые).

改文

　　… – Он крепко своей тяжелой рукой пожал такую...

　　除了以上列举的各种手段以外，提高信息性还有各种各样的方法，如注解、引证，使用斜体字、粗体字等。它们都属于补充的符号，因此也都具有补充的信息。通过对比名作家的原文和改文，我们得到很多收获，其中最大的启示是，语言的提炼过程是无止境的，提高言语信息质量的潜力很大。

§2 信息类型

　　语篇承载信息，乃毋庸置疑。但"语篇"与"信息"，均为宽泛的概念。一声"救命"或一句"小心路滑"，就是一个语篇，一部长篇小说也是一个语篇，它们同样都含有信息。人的思想纷繁复杂，信息包罗万象，表现形式也难以计数。

　　然而，凡事总有规律可循。科学的任务，就是从庞杂的现象中理出头绪，找出事物的内在规律。语篇研究者也在做这样的尝试。布拉格语言学派最早提出"旧信息"和"新信息"的术语，韩礼德后来把"旧信息"(old information) 改为"已知信息"(given information)，因为"旧"意味着该信息在语篇某处已经出现过，事实上该信息可以为说话人和受话人所共有的知识，也可以用隐含的形式出现（参见胡壮麟 1994：165）。

　　按照韩礼德的观点，我们可以从两个角度来考察信息的类型：

从来源方式看，信息分为两种：语篇制作者给予接受者的和接受者头脑里本来就有的。

从表达形式看，也分为两种：显露的和隐含的。前者指用言语直接表达出来的信息，后者表述得比较隐晦，或者完全没有言语表现形式。

俄罗斯学者对语篇信息的研究独辟蹊径。加利别林提出了著名的信息三类型之说，即"内容事实信息""内容理念信息""内容潜义信息"。(Гальперин 2007:27-30) 在此基础上，不少学者做了引申和发挥，如瓦尔吉娜划分了"事实信息""理念和推测信息""方法信息""美学信息""说明信息"等（Валгина 2003:75），帕比娜（А. Ф. Папина）先将信息分为显露的和隐含的，然后细划为"背景信息""纵向语境""预设""内容事实信息""依附语境信息""内容理念信息""潜台词信息"等（Папина 2002:327-340）。

1. 内容事实信息

凡语篇，都有表达的内容，或讲述这样那样的事情，或阐明这种那种观点，或解释某一现象，这些都属于语篇的内容事实信息范畴。这是加利别林（Гальперин 2007:27）最早提出的术语，他称之为内容事实信息（содержательно-фактуальная информация），此后瓦尔吉娜（Валгина 2003:75）简称"事实信息"(фактологическая информация)。这种类型的信息包括讲述事件、过程或现象，它们可能是真实的，也可以是虚拟的；可能发生在过去和现在，也可以在未来。瓦尔吉娜划分的"推测信息""方法信息""说明信息"等都可以归入这一类，因此内容事实信息还包括提出问题或猜想，以及解决问题的方法和途径等等。从表现形式看，"内容事实信息是显露的，即总是用词语表达出来的，而且语言单位通常都用于其直接意义、称名意义和词典中的意义"。(Котюрова 2003:109)

微型语篇，如"禁止吸烟""农夫山泉有点甜"，其内容事实信息直接显露在每个字词上，而篇幅稍大的语篇，要通过词语的主题群 (топикальная группа слов) 来表现，后者也叫做称名链 (номинационная цепочка) （参见 Городникова 1987:12），指一系列围绕一个主题展开的词语。更大的语篇由若干个或众多的小主题连接而成。

以下分析报纸的一篇简讯，通过这篇短文，大致可以看出内容事实信息的表现特点：

> В Ираке продолжается восстание
>
> В ходе кровавых столкновений в Ираке между шиитскими боевиками и военнослужащими оккупационных войск, пытающимися подавить восстание, за последние 48 часов погибли 125 человек и более 550 получили ранения. Восстание шиитов, которое началось в воскресенье, значительно осложнило ситуацию в Ираке. Американцы начали проводить карательную операцию, которая и вылилась в массовые боевые столкновения.

这是《莫斯科共青团员报》（«Московский комсомолец»）2004年 4 月 10 日的一篇短讯，具有典型的内容事实信息。简讯由标题和 3 个句子组成。标题是核心，表达该语篇的命题（伊拉克的反抗在继续）。接下来的每个句子都围绕这个主题展开，逐一交代事件的细节：第一句告诉读者反抗者是谁（什叶派武装人员）、镇压者是谁（占领军）以及冲突的结果（125 人死，550 人伤）。第二句交代事件的起始时间和对局势的影响，最后一句讲美军的行动及其导致的后果。

该信息中的关键词是 восстание(反抗)和 столкновения(冲突)，它们代表了整个语篇的主题，贯穿于语篇中的各个句子（各出现 3 次和 2 次）。语篇中的动词：продолжается（继续）、погибли（牺牲）、получили ранения（受伤）、началось（开始）、осложнило（复杂化）、вылилась（以……形式表现出来），也有着新闻类信息的特点，把这些动词串联起来，就可以大体看出所叙述事件的轮廓。语篇的字数虽少，却完整地交代了事件发生的时间、地点、人物、结果等，带有鲜明的叙述型语篇的特征。

这种信息类型在报纸、广播、电视里屡见不鲜，成为新闻的重要部分，甚至形成了一定的程式化表达。常用的类似表达还有：по приглашению ... сегодня ... прибыл ...（今日……应……之邀到达……）；на состоявшейся сегодня в ...（在今天举行的……记者招待会上……）；пресс-конференции...，сегодня в ... закончилось международное рабочее совещание...（今日……国际工作会议结束……）；в городе ... состоялся митинг...（市里……举行集会……）；президент ... заявил сегодня, что...（……总统今日宣布，……）

有两点需要指出：第一，内容事实信息不仅仅存在于报刊政论语体中，而是表现在所有的功能语体里，语篇要讲事，就有内容事实信息；第二，内容事实信息的表现形式不仅有叙述，还有描写、议论和说明。下面我们看一个应用文体的例子：

> Магнитофон "Чайка" представляет собой аппарат, предназначенный для записи и воспроизведения музыки и речи в домашних условиях. Магнитофон обеспечивает возможность записи с микрофона, звукоснимателя, а также запись с другого магнитофона, радиотрансляционной сети, радиоприемника или телевизора. （转引自 Солганик 2003:142）

这段话由两个句子组成，交代了海鸥牌收录机的作用与功能。该语篇的任务不是叙事，而是对产品的技术描写——准确地介绍产品的性能和用途。这种信息也属于内容事实信息。这类语篇同样有主题词，本篇中为使用频率最高的 магнитофон（录音机）和 запись（录音）（各出现 3 次），由它们串起了整个语篇的内容。另一方面，我们看到这里的动词及词组有别于叙事型语篇，представляет собой（是）、предназначенный для（旨在）、обеспечивает（保障）等代表了说明类文体句式。

不难看出，内容事实信息在各种体裁和题材的语篇里，有其相同和相通的一面，但也有各自的特点。因此，在对语篇信息进行宏观分类的同时，还必须考虑不同语体中语篇的各种类型。例如各种外交文件都属于公文语体，但根据信息性质却分为条约、备忘录、照会、声明、抗议、最后通牒等；文学语体分为很多体裁和形式——短篇（中篇、长篇）小说、寓言、诗歌、戏剧等；报刊政论语体分为简讯、新闻、社论、公报等。每一种语篇类型中，信息在某种程度上由该语篇类型的名称所决定，也就是说，交际领域决定了信息类型，而信息类型限制着表现形式。

2. 思想理念信息

除了语篇的字面信息以外，作者还要告诉读者，他对所讲述事件或现象的态度，并从中折射出作者对社会、经济、政治、文化、生活，以及人际关系等方面的理解。这种信息不是浮在文字的表面，而是读者通过阅读语篇，从整个作品的字里行间中抽象出来的。这就是思想理念信息，加利别林称之为"内容理念信息"（содержательно-концептуальная информация）（Гальперин 2007:28）。

有人说，"所谓信息，就是语篇中所渗透的思想情感。这样的思想情感是语篇表达者所要表达的意思与意图的集中体现"（张良田 2003：120）。这种观点等于把思想理念信息与内容事实信息合为一体。其实两者是有差别的。第一，内容事实信息存在于所有功能语体的语篇中，而思想理念信息在某些语体中可能不存在（如公文语篇）；第二，在有思想理念信息的语篇里，其表现形式不尽相同。魏巍的《谁是最可爱的人》，题目就有思想理念信息。高尔基的《伊泽吉尔老太婆》(《Старуха Изергиль》)一开始就提出"一个人怎样生活才有意义？"这样的问题。茅盾的《白杨礼赞》，题目和开头的句子"白杨树实在是不平凡的，我赞美白杨树！"，都是思想理念信息的直接表现。

然而，更多的情况下，思想理念信息并不直接表露出来，而是深藏在语篇内容的背后，需要读者细心咀嚼。"文艺作品的主题，往往不直接说出，而让读者从中体会。"(唐松波 1988：25)作者通过叙述事件和刻画人物，来展现自己的世界观。例如高尔基的《丹柯》(《Сердце Данко》)通过丹柯这个人物形象歌颂了不畏困难、牺牲自己、拯救别人的主题思想，这就是该语篇的思想理念信息。但是，这层意思并没有直接从作者的口中说出，而需要读者从作品中自己体会。从这个意义上来说，思想理念信息既表达了作者的人生态度，也是读者对各种关系、事实、事件、过程再思考的结果。正因为如此，阅读过程是读者参与语篇的再创造过程。文学作品给读者提供材料和思考的机会，而读者对语篇思想理念信息作出怎样的解读并得出怎样的结论，乃是读者深思的结果。

由于读者的认知水平不同，对语篇的理解存在着巨大的差异。有的人只能停留在语篇的内容层面上，而接收不到思想理念信息。"这是由于读者不会运用语言材料或者知识面不足，即缺少足够的博览性和对艺术作品的评价能力。"(Шевченко 2003：27)由此可见，思想理念信息并非信手拈来，而需要刻意挖掘。还需指出，这种信息通常不从个别的词句中产生（当然也不排除类似前面举证的点题式语句），而是从整个语篇中抽象出来的。

下面我们转引帕比娜（Папина 2002：331）引用过的一首短诗，看思想理念信息是如何抽象出来的：

NOX

Статуя «Ночь» в Летнем саду

Ноченька!

В звёздном покрывале,

В траурных маках, с бессонной совой...

Доченька!

Как мы тебя укрывали

Свежей садовой землёй.

Пусть теперь Дионисовы чаши,

Заплаканы взоры любви...

Это проходят над городом нашим

Страшные сёстры твои.

这是阿赫玛托娃（А. Ахматова）在卫国战争期间写的一首诗，题目是拉丁文的 NOX，俄语的意思是 Ночь（夜），副标题是 Статуя «Ночь» в Летнем саду（夏宫的夜雕塑）。

诗中描写了列宁格勒夏宫中的雕塑 «Ночь» 如何经历了战争的岁月。作者把雕像拟人化，称她为 Ноченька!（可爱的夜!）、Доченька!（可爱的女儿!）以书信的形式，表达了对她的深爱。诗中句子之间的衔接依靠因果关系：为什么少女般美丽的雕塑穿着丧服（«Ночь» в траурных маках）？为什么我们把你遮蔽（мы тебя укрывали）？为什么爱的眼神布满泪水（заплаканы взоры любви）？这一切皆因你可怜的姊妹从我们城市上空穿过（проходят над городом нашим страшные сёстры твои），即令人诅咒的战争。诗中通篇贯穿着一个思想——对故乡城市的爱和对战争的恨，"战争播种死亡，战争毁灭幸福"，就是该语篇的思想理念信息。这个思想不是靠哪个具体的话语来表达，而是读者阅读完整个作品后得出的结论。假如读者不具备分析解读的能力，就无法深入到作者的内心情感中。

3. 联想附加信息

　　语篇语言学中有一种理论，叫做"1+1≠2"，说的是语篇的整体意义不等于组成它的各个单句意义的简单相加。语言符号有产生附加意义的能力，超句统一体中的句子更有增加句义以外含意的可能。于是便有联想附加信息的产生，加利别林称之为"内容潜义信息"（содержательно-подтекстовая информация）（Гальперин 2007:28）。

　　联想附加信息的基础，是人能够在几个层面上同时接受信息的能力。好比一个人同时接受两个声音（音乐中的和声），它们同时发出，互相叠加，但却是不同的。文学中的叙述也是如此，在一个表述的背后隐藏着另一层含义，甚至可能是更加重要的意义。两条线有共同的基础，有相似之处，但不完全是一回事。

　　与思想理念信息相似，联想附加信息也是隐含的。它没有词语的直接表现形式，初次或快速阅读时可能溜掉。但两者之间有区别：思想理念信息是作者的创作意图，是作者的理念和世界观的体现，而联想附加信息是读者通过内容信息所引发的联想。从这个意义上讲，联想附加信息的生成，与语篇接受者的联想能力有关。读者的知识越丰富，分析接受语篇的能力越高，他对隐含的信息理解得越具体，越能产生丰富的联想附加信息。

　　这种信息是语篇的一种独特现象，它的产生依靠语言单位在结构上的巧妙安排和一定的修辞手法，其中包括使用象征表达法。在高尔基的散文诗《海燕之歌》（«Песня о Буревестнике»）里，作者就使用了象征对比的方法，以海燕的艺术形象，讴歌革命先驱者坚强无畏的战斗精神。作品中通篇没有"革命""无产阶级"的字样，但字里行间渗透着作者渴望用战斗迎接光明的强烈感情。这个信息是读者通过暴风雨来临之前海燕的形象，联想起即将到来的革命风暴而产生的。

我们再看一个中国文学作品中的例子：

> 春天，我在这片土地上，用我细瘦的胳膊，紧扶着我锈钝的犁。深埋在泥土里的树根、石块，磕绊着我的犁头，消耗着我成倍的体力……我要做的是咬紧牙关，闷着脑袋，拼却全身的力气，压到我的犁头上去。我绝不企望有谁来代替，因为在这世界上，每人都有一块必得由他自己来耕种的土地。（张洁：我的四季）

单从字面上看，似乎作者在讲述农民种田的故事，但细心读来，便能从文字表面看出其引申意义 —— 人的生命犹如四季，从春天的播种到秋天的收获，直到冬季生命的终止。这种由文字表面意义引起读者浮想的意义，就叫联想附加信息。

再如：

> Белым был – красным стал:
>
> Кровь обагрила.
>
> Красным был – белым стал:
>
> Смерть побелила.
>
> (М. Цветаева)

这里对比的颜色 белый（白）– красный（红）象征着生命、战斗、受伤（或者被杀）、死亡。

其实，前面阿赫玛托娃的诗里，也有联想附加信息。诗的标题和副标题，首先引起读者头脑中浮现出 Летний сад（夏宫）、статуя «NOX»（夜雕塑）这些形象，继而马上让人联想起战争前列宁格勒和夏宫中和平的景象。诗中用了带指小表爱的呼语 Ноченька!（可爱的夜！）、Доченька!（可爱的女儿！），使人联想到家里可爱的女儿，联想到自己幸福的家庭。这些联想附加信息都是读者在阅读过程中自然产生的。

至此，我们已经看出，联想附加信息与思想理念信息有许多相似甚至重叠之处。它们都是从内容事实信息中引发出来的，都是通过隐含的方式表达出来。但二者有本质的区别：思想理念信息是作品的核心思想，是作者写作的动机和出发点，而联想附加信息是由作品表层信息引申出的附加意义，是读者思绪展开的产物。比如《NOX》的思想理念信息是"战争毁灭幸福"，而它的联想附加信息则是"城市""花园""人们""少女""鲜花""轰炸""大火""尸体""哭泣"等。加利别林认为，每个文学作品一定有其思想理念信息，但却不一定有联想附加信息。联想附加信息可以由单个句子引起，而思想理念信息只能在整个语篇基础上抽象出来。同时他称联想附加信息是"内容事实信息和思想理念信息之间的一种'对话'"（Гальперин 2007:48）。

信息性是考察语篇的重要指标。内容事实信息直接显露在字词上，有叙述、描写、议论、说明等多种表达方式。思想理念信息有时也能直接表现出来，比如，以标题或问题的形式展示主题和作者的中心思想，但是更多的情况是通过读者的领悟而把握作品的创作主旨。联想附加信息是语篇的副产品，它依靠读者的想象力派生而出。

第五章 主观情态性

§1 客观情态性与主观情态性

情态性（модальность）原本是语义的一个范畴，表达说话人对所陈述事物的有效程度所持的主观态度。（布斯曼 2003：338）在系统功能语法理论中，情态定义为说话者对自己讲的命题的成功性和有效性所作的判断。（胡壮麟等 1989：119）比如"张三走了"（事实）和"据说张三走了"（不肯定其真实性）、"张三看样子走了"（不确信）和"张三真的走了"（确信）、"张三走了！"（高兴或者愤怒）和"快让张三走吧！"（愿望），这些情态都是在句子层面的实现。语篇情态性讨论的不是命题的真值评价问题，而是语篇作者如何在看似客观的陈述背后表达自己的主观态度和立场，如何把自己的情感和意志作用给读者或听众，怎样调动语篇接受者与自己在情感上产生共鸣等问题。

俄罗斯语言学界对句子情态性的研究结果是将这个范畴一分为二：一是句子内容与客观现实的关系，二是说话人对所述事物的态度，前者是客观情态，后者属于主观情态。这个看似简单的划分，在俄罗斯语言学界争论了几十年，最后由什维多娃一锤定音，把句子的主观情态性写入《俄语语法》。（РГ 1980:91）

什维多娃对情态性概念的扩展，为语篇研究者提供了思路：既然主观情态性指说话人对表述内容的态度，那么语篇作为表达思想的载体必然具有情态性，因为写作意图本身就含有作者对所述事物的态度和评价，作家不会无目的地讲述一个故事，在表面"客观"陈述的背后一定隐藏着作者的写作动机，包括作品的思想理念信息、作者的世界观，以及作者的个性和品位等等。（Гальперин 2007:116）加利别林的这个推论得到了学界的广泛认同，有关语篇情态性的讨论由此展开。

　　讨论的焦点集中在两个问题上：一是情态性是否为语篇的普遍规律，即是否所有语篇都有情态性范畴；二是语篇是否具有客观情态性。这两个问题的提出，与当年关于句子情态性的讨论极为相似：句子客观情态毫无争议，但是否每个语句都有主观情态意义令很多人质疑。

　　关于语篇情态性，加利别林本人的观点是：情态性并非存在于每个语篇，它只是部分语篇的属性，确切地说是文学语篇的范畴，即每个文学作品都有情态性。有些语篇，如科学语体，其情态性为零，因为这个语体客观、逻辑、理据的性质与主观评价情态相抵触。（Гальперин 2007:115）关于第二个问题，加利别林认为语篇无客观情态性，因为文学作品中不存在现实性／非现实性的对立关系，文学创作本身就是作家、诗人、剧作家主观臆造的产物。（Гальперин 2007:121）

　　加利别林的结论与他的研究范围相关，他对语篇属性的界定都是以书面的文学作品为标准。那么其他语体的情况如何？是否可以找到一个适合所有语篇的解释？毕竟范畴应该适用于全部同类事物。从事语篇与语体关系研究的玛特维耶娃就此问题给出新的说法：情态性不仅存在于文学作品中，而且是各类语篇的重要属性。她把情态性称为基调性 (тональность)，意为人们讲话或写文章时，要根据意图、内容、对象、情景等诸多因素确定一个基调。"每个功能语体都有其基调幅度 (диапазон тональностей)，在这个幅度之内作者可以选择最适合其说话意图、话题、言语对象以及自身气质的基调"（Матвеева 1990:27），比如你想把话说得严肃一些还是诙谐一点，想用严谨的逻辑推理说服对方还是想以通俗易懂的方式加以解释，采用何种基调，取决于作者或说话人确定的任务、对象、语境。玛特维耶娃后来把这种情态性扩展为"不仅指说话人对所述事物的态度，而且还指对听话者 (адресат) 和语境 (ситуация) 的态度"。（Матвеева 2003:549）马氏的情态性大大超出了加利别林界定的范围，它适用于所有类型的语篇。我国学者也曾谈到语篇的主、客观情态问题，比如陈勇（2006：28）认为客观情态和主观情态"分别体现篇章与篇章外现实和主体内在世界的关系"，这也是对语篇情态性的广义解释。我们赞同主、客观情态的区分，认为客观情态与语篇应用的领域、任务、对象等语言外因素有密切关系，即与功能语体的属性紧密相关，而主观情态则是作者对语篇所述内容的态度和立场。限于篇幅，本章仅分析语篇的主观情态性。

我们把语篇情态手段分为两类：一是句子和语篇共用的手段，二是语篇特有的手段。

§2 句子和语篇共有的情态手段

句子是语篇的构成单位，因此其主观情态手段同样适用于语篇，是构成语篇情态性的基础。

1. 语调手段

在口头言语中，语调是表达情态性最重要的方式，比如当我们看到窗外飘起雪花时，可以用平静的语调说"下雪了"，这是客观的表述，没有主观评价色彩。但是如果我们惊呼"下雪了！"言语就获得了主观情态意义，这里除了陈述"下雪"这个事实以外，还附加了说话人对这件事的态度：惊讶、喜悦、担心等感情。

2. 词汇手段

除了语调以外，最直接表达情态意义的是词汇手段，包括两种类型。

❖ 1）感叹类虚词

感叹类虚词本身就是用来表达人们的各种感情和评价，其中包括感叹词、语气词、插入语等，如人们见到飘落雪花时可能惊呼"哇! 下雪了! ""哎呀! 下雪了! "等，以此表达各自对事物的态度。汉语、俄语和英语里都有很多表达主观情态的词语，如 к сожалению（遗憾的是）、к счастью（幸运的是）、unfortunately（不幸的是）等，它们"可以评价语言使用者对事态的历程、观点和态度"（陈明芳 2006：68）。

在所有主观情态词类中，感叹词最能鲜明表露说话人对事物的态度。2004 年 7 月 30 日，中央电视台现场直播亚洲杯 1/4 决赛乌兹别克斯坦队对巴林队的比赛，从中央电视台解说员的话语中不难看出其立场：

> （乌兹别克斯坦队率先破门）解说员：哎呀，球进了!
>
> （巴林队随后攻进一球）解说员：哈哈，巴林队进球了!
>
> （巴林队前锋带球突破）解说员：单刀了! 打门了! 球进了! 哎呀，没有进。
>
> （巴林队点球罚失）解说员：哎呀，球被对方门将扑出去了。

仅从几个"哎呀""哈哈"中就可以看出解说员对两队不同的立场。

❖ 2）评价类实词

在词汇手段中，有一类词不像感叹词和插入语那样直接表达态度，却是说话人对事物作出评价的重要手段，那就是带有褒贬评价色彩的词汇，如"诚实""勇敢""勤劳""民主"是一组表示褒义的词汇，而"虚伪""懦弱""谎言""恐怖主义"则带有贬义色彩。这类词汇具有超越国界的性质，属于全人类对事物和现象共有的评价。(Папина 2002:267) 例如：

> 近半个世纪以来，夏青在播音岗位上辛勤耕耘，把个人的命运和党的事业紧紧地融为一体，不愧为"祖国的声音，人民的声音"。(田小满：告别夏青：我们永远怀念您！)

这里作者使用了一系列带有崇高色彩的词语：岗位、辛勤、耕耘、命运、事业、祖国、人民。从这些评价性词语中可以看出作者对人物的赞颂和崇敬之情，同时也把这些感情传递给读者，使之产生共鸣。

3. 语法手段

用语法手段表达情态性问题学界已有论述，魏在江（2007：8）就曾指出"主观性是由语法形式和词汇的选择来传递的"，但就具体表现形式的研究国内尚少有涉及。这里我们只简单分析词法和句法手段，前者主要指词语的指小表爱或指大表卑形式，后者通常表现为词序和感叹类句子。

◆ 1）词法手段

> Марина Александровна надеялась, что легкомысленный ее <u>Володька</u>, которому только что исполнилось девятнадцать и который был на год младше <u>Танечки</u>, прилетит сюда <u>денька</u> на три и, может быть, они с <u>Танечкой</u> наконец-то разберутся в своих чувствах, объяснятся наконец-то и что-то решат для себя (С. Семенов. Голубой дым). 瓦洛佳刚满 19 岁，比塔尼亚还小一岁。玛莉娜·亚历山大罗芙娜希望她这个轻浮的瓦洛佳能来呆

（接上）

> 上一两天儿，和塔尼亚把感情的事情好好谈一谈，把事情解释
> 清楚，也算给自己一个结果。

这段话近似母亲的内心独白，用亲昵的指小表爱形式
Володька（瓦洛佳）、Танечка（塔涅奇卡）提及儿子和他的女友，
甚至"一两天"在她的心目中都是令人怜爱的，所以也被爱屋及乌
地用作指小形式 денька на три（一两天）。其实类似的指小用法在
汉语里也不罕见，老百姓说的"抽个小烟""喝个小酒"所含的"小"
字，都是表达惬意的情感。

◆ 2）句法手段

句法情态手段主要是词序和句子类型，尤其俄语可以借助丰富
的词形变化在词序和句式上大做文章。例如：

> ① Так любит только мать (Ахматова). 只有母亲才能这样爱。
>
> ② Рассвело... Как хорошо в поле на рассвете! (Г.
> Троепольский) 天放亮了……黎明的田野多么美啊！

这里例①把 мать（母亲）、любить（爱）位置互换，以使两个
词语同时获得情态效应。例②用感叹句式来表现说话人的主观情感。
这两种用法汉语里皆有表现，但汉语的词序手段在使用上受到一定
的限制。

4. 修辞手段

修辞手法中最常见的是修辞格，这是增强言语表现力的有效手
段，同时可以明晰地表达说话人的情感态度。例如：

> ① Между тучами и морем гордо реет Буревестник... (М.
> Горький. Буревестник). 在乌云和大海之间海燕骄傲地翱翔……
>
> ② Ребята наши таяли как свечки (А. Фадеев. Молодая
> гвардия). 我们的小伙子们像蜡烛一样熔化消失了。

例①的修饰语 гордо（骄傲地）本来只用来指人，这里用来修饰海燕的行为，表达了作者的赞颂语气。例②加下划线的词是明喻手法，把青年近卫军的小伙子比作蜡烛。

§3 语篇专门的情态手段

语篇既可以借助于语言体系内的词汇、语法、语调、修辞手段表达情态意义，同时更可以发挥自己的优势来充分地表达作者的情感，这个优势就是语篇的广大空间，这是句子所不具有的。"如果句子情态性用语法或词汇手段表达的话，那么语篇情态性除了上述手段以外，还依靠对人物的评价、独特的结构布局、语义独立片段等方法来实现。"（Гальперин 2007:115）因此，语篇情态比句子情态复杂得多，它把"语言手段和文学方法密切交织在一起"（Шевченко 2003:34）。总体来看，语篇专门情态手段主要有以下类型。

1. 语义独立片段

所谓语义独立片段（автосемантические отрезки），指一段话语对于全文或其部分来讲具有相对的语义自主性。（Котюрова 2003:14）它们既是整体的有机组成部分，又保持着独立于语篇的特殊地位。语义独立片段经常带有主观评价色彩。例如：

> Голос матери, звавшей ее разливать чай, вызвал деревенскую барышню из этой минутной задумчивости. Она встряхнула головкой и вошла в чайную.
>
> Лучшие вещи всегда выходят нечаянно: а чем больше стараешься, тем выходит хуже. В деревнях редко стараются давать воспитание и потому нечаянно большею частию дают прекрасное. Так и случилось, в особенности с Лизой. Анна

（接上）

Федоровна, по ограниченности ума и беззаботности нрава, не давала никакого воспитания Лизе: не учила ее ни музыке, ни столь полезному французскому языку, а нечаянно родила от покойного мужа здоровенькое, хорошенькое дитя – дочку... (Л. Толстой. Два гусара).

第一段是叙述，讲母亲唤女儿出来给客人倒茶，第二段转为议论："好东西都是无意中产生的，越刻意追求越不行。农村不太重视教育，却不经意间养育出许多好孩子。"严格地讲，议论部分已经偏离了叙述主线，因此称为语义独立片段，它是作者对事物的看法和评价，带有明显的主观评价色彩。中文里类似用法也不鲜见。例如：

黑暗中听到了这样一些交谈，岳之峰的心平静下来了。是的，这里曾经没有铁路，没有公路，连自行车走的路也没有。阔人骑毛驴，穷人靠两只脚。农民挑着1 500个鸡蛋，从早晨天不亮出发，越过无数的丘陵和河谷，黄昏时候才能赶到X城。我亲爱的美丽而又贫瘠的土地！你也该富饶起来了吧？（王蒙：春之声）

2. 排比句式

把一系列结构相同或相似、意义相关、语气一致的词组或句子成串排列，形成一个整体，这种方法叫做排比。由于其句式匀称，音律铿锵，节奏感强，常用来表达强烈、奔放的感情。（王德春 1987：112）例如：

Это не вызов Президенту, парламенту или Правительству. Это – вызов всей России. Всему нашему народу. Это нападение на нашу страну (В. Путин. Телевизионное выступление). 这不是对总统、议会或者政府的挑衅，这是对整个俄罗斯的挑衅，是对我们人民的挑衅。这是对我们国家的攻击。

这是 2004 年 9 月 1 日震惊世界的俄罗斯别斯兰人质事件后普京讲话中的一段，作者用一连串的排比句，语气逐渐递增，形成激昂的气势，从而激发起全体人民的共鸣。再如：

> На <u>каждом</u> километре, на <u>каждом</u> метре наши войска сталкивались с самым ожесточенным сопротивлением противника, <u>теряли</u> своих товарищей – <u>теряли</u>, чтобы спасти жизнь других людей. И <u>тысячи</u> русских, украинцев, <u>тысячи</u> евреев, которые спасены вами, <u>уверен</u> просто, <u>уверен</u>, никогда об этом не забудут! (В. Путин. Выступление перед ветеранами войны). *每公里、每一米我们的军队都遭到敌人顽强的抵抗，我们失去了自己的同志，失去了这些人以拯救其他人的生命。被你们拯救的成千上万俄罗斯人、乌克兰人，成千上万犹太人，我相信，我非常相信，是永远不会忘记这些的！*

这是普京在卫国战争胜利 60 周年对老战士的讲话，短短的两句话中使用了 3 个成对的词语，以表达说话人的强烈感情。

在政治家的演说中，排比句式是振奋精神、鼓舞士气的最有效手段之一。我们再看一个英语的例子：

> We <u>shall</u> <u>fight</u> <u>him</u> by land, we <u>shall</u> <u>fight</u> <u>him</u> by sea, we <u>shall</u> <u>fight</u> <u>him</u> in the air, until, with God's help, we have rid the earth of his shadow and liberated its peoples from his yoke. (Winston S. Churchill)

这里的 3 句首语重叠强调了丘吉尔在陆海空三方面打败希特勒的坚强决心，使人感到丘吉尔气壮山河、从容应敌的英雄气概。(张文浩，王黎云 1987：54)

下面我们再看两个文学作品的例子：

> ①背直起来了，我的母亲。转过身来了，我的母亲。肮脏的毛茸茸的褐色的口罩上方，我熟悉的一双疲惫的眼睛吃惊地望着我，我的母亲的眼睛……（梁晓声：慈母情深）

（接上）

> ② 母亲说完，立刻又坐了下去，立刻又弯曲了背，立刻
> 又将头俯在缝纫机板上了，立刻又陷入手脚并用的机械忙碌状
> 态……（梁晓声：慈母情深）

作者把相同的称名或相同的句式串联在一起，形成铿锵的力量，以勤劳母亲的形象"冲击"读者的心灵。

3. 分割结构

分割结构（парцелляция）指把一个句子拆分成两个或几个句子的形式。口头上拆分后的语句之间有停顿，书面上用句号相隔。例如：

> У Елены беда тут стряслась. Большая (Ф. Панферов). 叶莉
> 娜遭到了不幸。很大的不幸。

由于表述形式的非常规性，这种用法常被用来增强言语的表现力和情感色彩。前面提到普京在别斯兰事件的当天发表电视讲话，他一开始就运用了分割结构：

> Говорить трудно. И горько (В. Путин. Телевизионное
> выступление). 这个讲话很困难。也很痛苦。

试想，如果普京用常规的 Говорить трудно и горько.（这个讲话困难而令人痛若），语气平淡无奇，怎能表达他当时激愤、痛苦的心情，更不用说唤起民众与政府一道和恐怖主义战斗的决心。分割结构非常准确地表现了普京的心理，也为整个讲话定下了悲愤、激昂的基调。在这个讲话中普京多次运用这种句式：

> ① Мы все ожидали перемен. Перемен к лучшему (В.
> Путин. Телевизионное обращение). 我们大家都在期待着变化。
> 朝向好的变化。

（接上）

② Террористы считают, что они сильнее нас. <u>Что они</u> <u>смогут запугать нас своей жестокостью</u>, смогут <u>парализовать</u> <u>нашу волю и разложить наше общество</u> (В. Путин. Телевизионное обращение). 恐怖分子以为他们比我们强大。以为他们可以用残忍吓倒我们，可以麻木我们的意志和肢解我们的社会。

4. 主题场

所谓主题场（тематическое поле），指把相关事物累加所形成的语义场，特别是在文学作品中，作者通过独特的结构布局，把各自独立的情节整合在一起，使之形成一个有机体，为读者描绘一个完整的画面，从而塑造出人物形象，并以此表达作者自己对人物或现象的态度和情感（大多情况下以隐含的方式表示）。

托尔斯泰在长篇巨著《战争与和平》中塑造了主人公安德烈公爵，读者之所以认为这是一个正面人物，就是通过作品中的细节得出了结论。就单句来讲，可能这些句子本身不带主观情态性，作者在人物身上并未使用褒奖词语，只是客观地讲述安德烈对父亲、姐妹、妻子及其他人的态度。但正是透过这些内容事实信息，才逐渐累积起了情态主题场，塑造了一个具有高尚情操和道德品质的人物形象。人们在读了狄更斯的《圣诞欢歌》以后，对主人公斯克路奇产生厌恶的印象，这种情感也是主题场作用的结果：谁会喜欢这样一个脾气暴躁、冷酷、吝啬的老头儿呢？

我们看到，读者的共鸣是语篇主题场作用的结果，是作者悄无声息地把他对人物和事件的态度转移给读者，实际上是作者通过思想理念信息表达他的世界观（安利 2006：70）以及他的情感态度。无怪乎有学者把思想理念信息和主观情态性并列视为作者意图的重要组成部分。（Шевченко 2003:27）这两者之间既有相似之处，又可以划一条界限，比如在鲁迅的《祝福》中，揭露摧残中国劳动妇女的根源是封建礼教和封建思想，这是作品的思想理念信息，而对祥林嫂的同情和柳妈的憎恶则是作者的主观情感态度。透过人物形象窥视作者的情感和态度，这是理解文学作品的重要步骤，只有"挖掘出作者的创作意图，作品的主题思想，才会真正理解一部作品。而这里的关键，不仅要研究艺术现实，更在于研究作家对所写人物事件的态度、评价、感情"（白春仁 1993：258~259）。沈家煊（2001：268）认为，语言不仅仅客观地表达命题式的思想，还要表达言语的主体即说话人的观点、感情和态度。

综上所述，主观情态性是语篇的重要范畴，是语篇创作意图的组成部分。但在不同类型语篇中情态性的表露程度和表现手法有一定差异：演讲鼓动性的文章更鲜明地表现作者个性，更公开地调动听者或读者的情绪；而文学类语篇则表现隐晦，读者往往需要读完全篇作品后才会产生对人物的情感态度。因此，政论性文章倾向于使用词汇、句法等外露手段，而文学作品则偏重于利用内容事实信息奠定语篇情态基础，借助主题场、特殊的谋篇布局和独立语义片段等手法作用于读者的情感。

第六章　回眸与前瞻

§1 回　眸

　　我们每个人都有过这样的体验：一部电视连续剧，如果不是从头开始看，就不太容易理解剧情（尽管人物的每句话都很明白），这是因为当前播放的内容，在逻辑线索上依赖于上文。因此，电视剧往往在每一集开始前，闪映上集的主要片断，提示错过的人前面讲了什么，也帮助看过的人回忆前面的主要内容。这种回放就类似于本节要讨论的语篇语言学中的回眸，只不过表现形式略有差异。

　　回眸（ретроспекция）的原意是回头看，俄罗斯学者加利别林借用这个术语表示当前的话语引导读者回顾读过的内容，前瞻（проспекция）与回眸相反，原意是向前看，语篇语言学中指当前话语预先向读者提示后文的内容。（Гальперин 2007:105）

　　回眸的基本特征是时间前移。帕比娜认为，只要时间回推就是回眸，不论紧邻还是远隔当前。（Папина 2002:169）但有人认为这是回眸泛化，阿尼西莫娃（Е. Е. Анисимова）（2003:36）强调，只有时间回移时出现跳跃才是回眸。同样道理，前瞻要求读者不是看下句话或下个段落，而是隔着若干句或者若干段落看以后的情节。

　　我们倾向于后一种理解。在语篇的叙事中，通常有一个主线推进情节发展。但是语篇并非总是线形展开，叙述中时而加入描写或议论，正叙中时而出现倒叙，各种旁枝末节让主题推进暂停下来，

让叙事节奏放缓并给读者"喘气"的机会，加利别林（Гальперин
2007:105）称这种现象为非连续体（дисконтинуум）形式，蒂维亚
耶娃（И. В. Тивьяева）（2007:3）把它叫做时空连续体背景下的时
间跳跃（временной скачок）。因此，回眸和前瞻的前提是时间跳跃，
它不是延续紧邻话题叙述，而是像跳棋一样间隔一位跳回从前或飞
跨到后面的某个位置。

1. 回眸的作用和功能

广义上讲，每个语篇都建立在回眸的基础上：没有前面的信息
就难以理解当前的内容，阅读是不断储存、逐渐积累信息的过程。
但是，作为语篇范畴的回眸是一种专门的手段，是刻意把读者拉回
到上文，它在语篇中起着布局谋篇的作用。（Шевченко 2003: 49）

回眸有两个要素：（1）该信息在上文中已经讲过，（2）该信息
用来建立情节与情节之间的联系，即接续中断的时间联系。例如：

> ① В жаркий июльский полдень дядя Сандро лежал у себя
> во дворе под яблоней и отдыхал...
>
> ...
>
> Вот и лежал дядя Сандро под яблоней... (Ф. Искандер.
> Сандро из Чегема).
>
> 炎热七月某天的中午，桑德拉叔叔躺在自家院子的苹果树
> 下休息……
>
> ……
>
> 这不桑德拉叔叔躺在苹果树下……

例①第一段讲主人公桑德拉躺在苹果树下休息，原文接下来 3
个段落分别描写不远处的葡萄架、菜园里的妻子、栗子树下的羊
圈，限于篇幅，文中用省略号代表。本例中的第二段是原文中的第
五段，话题重新回到桑德拉身上。这里空间的展开依次是"苹果

树 —— 葡萄架 —— 菜园 —— 栗子树 —— 苹果树"，即从原点
出发又回到原点。作者正是利用回眸的手法完成了"主线 —— 分
支 —— 主线"的结构布局。

再看一个汉语的例子：

> ② 她把顶针圈儿还给艾艾装回口袋里去，拿着两个罗汉钱
> 想起她自己那一个钱的来历。
>
> ……
>
> 小飞蛾手里拿着两个罗汉钱，想起自己那个钱的来历，其
> 中酸辣苦甜什么味儿也有过……（赵树理：登记）

例②是《登记》里的文字，小说先讲她（小飞蛾）拿着两个
罗汉钱想起了自己那个钱的来历，接下来13个段落（省略）追叙
"小飞蛾"名字的来历和罗汉钱的故事，此后叙事重回当前主线，
重复"小飞蛾手里拿着两个罗汉钱"这个情节。

以上我们看到，前例是空间展开后回归叙事主线，后例是时间
回推以后的重返，两者都是回眸的表现。

回眸既是内容表达的需要（帮助读者不断回忆前面的内容），
更是突出重要信息的要求，它通过重复的表述，把读者的注意力
集中在某些容易被忽略的行为上，而这些细节往往是至关重要的。
加利别林(Гальперин 2007:106)认为回眸在语篇中有3个基本功能。

第一，帮助读者回忆此前已有的信息或告知部分新信息。比如
"小飞蛾手里拿着两个罗汉钱，想起自己那个钱的来历来"属于已
有信息，"其中酸辣苦甜什么味儿也有过……"是在回眸的过程中
增加的部分新信息。

第二，使读者能够在新条件下重新审视已有信息，把回眸前后
的信息加以对比。比如读者刚刚看到"小飞蛾手里拿着两个罗汉钱"
时，对于"小飞蛾"和"罗汉钱"还没有什么概念。但是当回眸结
束时，读者已经十分清楚这两个名词的来历了。

第三，突出那些与思想理念信息（参见 安利 2006：70）间接有关的部分。小说《登记》中重复"小飞蛾手里拿着两个罗汉钱，想起自己那个钱的来历"不是偶然的，因为罗汉钱与作品的中心思想密切相关：作者通过两代农村青年对自由恋爱的追求，歌颂了新时代农村的变化。回眸的结果必然带来对于语篇某个部分的重新认识。由于回眸的作用，这些部分在读者的记忆里被唤起，让读者重新思考它。这样一来，原本看起来次要的信息变成了关键性的内容。再举一个例子：

③ Помню, будучи еще гимназистом V или VI класса, я ехал с дедушкой из села Большой Крепкой, Донской области, в Ростов-на-Дону. День был августовский, знойный, томительно-скучный. От жара и сухого, горячего воздуха, гнавшего нам навстречу облака пыли, слипались глаза, сохло во рту...

......

Но потом я мало-помалу забыл о себе самом и весь отдался ощущению красоты. Я уж не помнил о степной скуке, о пыли... (А. Чехов. Красавицы).

记得还在读小学五年级或者六年级的时候，有一天我和爷爷去顿河罗斯托夫市。时值八月，天气炎热干燥。由于燥热和迎面刮来的热风，路上卷起尘土，刮得人睁不开眼睛，喉咙发干……

……

但后来我不知不觉忘记了自己，全身心被这个美感征服了。我已经不记得草原上的寂寞和尘沙。

例③是契诃夫小说《美女》的开头。第一段讲路上的烦闷，后来（省略号处）讲客店休息以及店主人女儿的美貌如何吸引小男孩。此后再次提到路上的寂寞和尘土，但心情完全变了。作家为何如此着笔？路上的烦闷原本是次要信息，姑娘的美丽才是重点，但如果不是两次提及途中烦恼，读者不会对它印象深刻，更无法通过"荒原和寂寞 —— 美女和纯真"的对比来加深认识主题。

除了加利别林指出的 3 点以外，我们认为回眸还有一个重要的功能，即：

第四，保障叙事主线的推进。小说在叙事中夹杂着描写和议论，正叙中穿插着倒叙，不论何种情况，回眸都能将"离题"的话语拉回到叙事主线上来。例如：

> ④ Однажды я получаю от Лили письмо. Опять весна, и у меня очень легко на душе. Я люблю весну. Я сдаю экзамены за первый курс. И вот я получаю письмо от Лили (Ю. Казаков. Двое в декабре). 有一天我收到莉利亚的来信。又是一个春天，我的心情很好。我喜欢春天。我们正在进行一年级期末考试。于是我收到了莉利亚的信。
>
> ⑤曹千里来到马厩备马。他骑马去做什么，这是并不重要的，无非是去统计一个什么数字之类，吸引他的倒是骑马到夏牧场去本身。这是不是和伯恩斯坦的鬼话有点相像呢？去它的，他不无兴趣地来到马厩……（王蒙：杂色）

例④里，先说收到了莉利亚的来信，接下来讲春天、心情、考试等一些"离题"的话，然后重新回到莉利亚来信的主题。例⑤先交代主人公来到马厩，然后是旁逸性质的"离题"话语，最后借助回眸返回到叙事主线上来。

2. 回眸的类别和表现手法

加利别林把回眸分为主观和客观两类。主观回眸指读者在阅读过程中的自行回顾，之所以称为主观，是说读者因人而异，有人在阅读中不断回忆前面的内容，也有人从不追溯以前。客观回眸指作者有意识地引导读者回顾前面说过的内容，帮助读者回顾过去。为此需要使用一些专门的手法，比如重复和语义依附成分。

重复指词语的复现，其目的是把叙事放慢下来，留给读者时间以关注细节，有时细节关乎思想理念信息。此外，正叙中出现倒叙，叙述夹杂描写或议论，凡此种种，都是要回到叙事主线上来，而重复是其中必不可少的条件。

大多情况下，重复伴有语义依附成分（俄语中几乎全部如此），但也有单纯的重复。就重复的类型来看，有以下两种。

（1）完全重复：回溯句与始发句几乎完全一样，如前面回眸的作用和功能中的例①、②、④都属于这种类型。这种情况俄语里用得比较多。

（2）接续性重复，回溯句用部分重复的方式对接到前叙句上，从情节来看好像两句之间从未有过其他任何话语。这种用法在汉语中比较常见，前面回眸的作用和功能中的例⑤就属于这种情况。再如：

> 散步路过大花坛，有人唤我："刘老师！"
>
> 扭过头，认不出，但能猜到——果然，是我教过的学生。
>
> 命运安排我非常年轻时就到北京一所中学任教，那算得一所名校，当时是男校，我头一次走到讲台，班长喊"起立"，我和学生们实实在在是"面面相觑"，他们发现我太小，而我发现他们个个都未免太大，我们的磨合难度可想而知。
>
> 我只比我教的头一班学生大 7 岁。他们全是跟五星红旗同龄的人。
>
> 唤我的学生说出他的名字，又报出几位当年同窗的名字，倏地，若干 41 年前的花瓣青果从记忆库里飞舞而出……（刘心武：迎面吹来凉爽的风）

这里采用了个别词语重复的方式，即"有人唤我"和"唤我的学生"。就表述的主线来讲，这两个地方应该是相连的，但是因为中间插入了作者的一段倒叙，将两处切断了，而重复的手法又将切断的地方粘连上。

语义依附成分指当前句子中有明显依赖上文的词语，如前面回眸的作用和功能中的例①、④中的 вот и 和 и вот（于是），例③的 я уж не помнил（我已经不记得）等。赵秀凤（2006：22）注意到英语里可以用 now（现在）作为空间建造语，使话语从倒叙空间回到当前叙述空间，让叙事得以继续线形前进。这个结论与我们的研究结果相吻合，俄语里表示这个意义的 сейчас（现在）、теперь（现在）也经常具有这种功能。例如：

> К старухе Агафье Журавлёвой приехал сын Константин Иванович...
>
> ...
>
> И вот теперь приехал кандидат Журавлев... (В. Шукшин. Срезал).
>
> 茹拉夫廖娃老太太的儿子康斯坦丁回来了……
>
> ……
>
> 这不现在茹拉夫廖夫副博士回来了。

这个例子是小说开头的第一句话。在引出主人公后用几个段落讲儿子和媳妇都是副博士，讲村里的习惯等等，之后用"这不现在茹拉夫廖夫副博士回来了"来衔接上文。再如：

> Мы шли по карте, составленной в семидесятых годах прошлого века.
>
> ...
>
> Сейчас мы шли по карте... (К. Паустовский)
>
> 我们凭着一张上世纪 70 年代编制的地图在赶路。

（接上）

> ……
>
> 现在我们就拿着这张地图……

这里的省略号处讲当地居民很热心却指错了路，接下来用"现在我们就拿着这个地图"回到当前的叙事中来。

§2 前　瞻

1. 前瞻的表现形式

前瞻和回眸一样，也是语篇范畴之一。两者都在语篇中起布局谋篇作用，但指向不同：回眸是往回指向情节，后面的情节展开依赖于前面的语境和情节的铺垫；而前瞻则是向前指向，是跨过若干阶段直指结果的一种手法。换言之，回眸不断帮助读者重温前面讲过的内容，前瞻则提示后面将要发生什么。例如：

> Он громко провозглашает: «Ваше здоровье!». Остатки волос на его висках и под ушами завиты. Семь кружек пива способствуют отличному настроению. Только Господу ведомо – врачи узнают это позднее – что ему суждено умереть (Э. Штриттматтер. Солдат и учительница). 他大声喊着："干杯！" 两鬓和耳后仅存的头发卷曲着。7 杯啤酒让他很亢奋。只有上帝才知道——医生后来才诊断出——他已经离死亡不远了。

这个例子的最后一句就是前瞻的用法，它把以后将要发生的事情提前告诉读者。

再看一个汉语的例子：

> 然而现在，韩大亮和许倩都没有想到，那个住在安徽村叫李红的漂亮姑娘，已经悄然闯入他们的生活。还有，那位美丽绝伦的女主持人年华，也出现在他们后来的日子里。一贯"按

（接上）

时回家"的"四等男人"韩大亮,恐怕今后再也无法按时回家了。

（刘新增：善良的困惑）

我们看到,"也出现在他们后来的日子里""恐怕今后再也无法按时回家了"等都是对故事后续发展的事先提示。

前瞻和回眸一样,也分为读者主观和作者客观两类。主观前瞻指读者在阅读过程中,自己猜测后面的内容,如剧情的发展以及事情的结果等,但并非每个人都边阅读边预测,因此称为主观前瞻。客观前瞻是作者专门的表述,用类似旁白或半旁白的形式交代后续要发生的事情。加尔金（С. А. Галкин）指出,如果读者在潜意识中没有去预测后来的结果,作者可以用前瞻手段调动读者的积极性,使他参与到作品的创作中来。（Галкин 2003:22）中国的文章学把这种章法叫做设置悬念,即打乱事件发展顺序,先把事物发展的结果突现出来,以引起读者的期待、关切和好奇的心情,然后到了一定的时候,才把原委揭示出来。（张寿康 1983：198）

客观的前瞻有词语表现形式,主要分为以下几种类型。

1）用"后来""今后""当时（还）"等直接告诉读者后续发生的事情,如例①中的"只有上帝才知道""医生后来才诊断出",例②的"后来的日子里""今后再也"等。这些例子中都有"后来""今后""此后"等词语。再看两个英语的例子：

① Mrs Creakle packed my case herself, and sent me home on the coach for the funeral. I did not realize at the time that I would never return to Salem House. (Charles Dickens. *David Copperfield*)

② I thought of him a lot that night, with his laughing, handsome face, and his careless, confident manner. I could never have imagined what a dark shadow he would throw over the lives of people who were dear to me. (Charles Dickens. *David Copperfield*)

这两个例子的用法如出一辙："我当时还没有想到我将永远不会……""我永远都不会想到他将……"提示后来将要发生的事情。此外，过去将来时也是英语中表达前瞻的重要标志。

2）用说书人话语，类似"此乃后话，暂且不表"，直接交代后面的内容。例如：

①女孩不大说话，静静地在阿丁身旁，阿丁告诉我们，这是他的真爱，但我总怀疑这类女孩怎能撩起阿丁的激情，阿丁也从未说过要和她长相厮守，但关系却断断续续，直到阿丁出国好几年才转嫁他人，这是后话。（储小蕾：寻踪时代）

②整套房子光亮明净，楼下配有一个上锁的车房，房租很便宜，阿丁就贪这几点，一直都不肯搬，直到出事，这是后话。还是先说说当前……（储小蕾：寻踪时代）

这里作者除了提示故事的后续情节外，还用近似说书人的话语"这是后话"进一步明确它的旁白性质。

3）使用语义依附成分，其中最常见的是"那"。例如：

①离那天越来越近的时候，苏惠意识到自己可能患上了神经衰弱。（沈星妤）

② До последней мелочи помню тот день – неестественную тишину в нашем третьем классе, посеревшие лица сестер Ивановых. Помню, как у меня горели щеки, как я боялась: вдруг подумают, что это я взяла те несчастные деньги (Л. Миллер. Шла собака по рядам). 我至今都记得那天的每个细节——三年级班级教室死一样的寂静、伊万诺娃姐妹俩惨白的脸色。我记得我的脸在发烧，我怕突然有人以为是我偷了那些该死的钱。

这两个例子都是小说开头的第一句话，都用了"那"，显然是伏笔。"伏笔的妙处在于先暗示交代，似不经意，但读到后来，方悟出事前张本的道理。"（王凯符等 1983：75）其实，这种我们熟悉的章法就是前瞻的用法，这两例中的"那"字以半隐半现的方式提示后面将要发生的情节。

2. 回眸与前瞻的呼应

就方向来讲，回眸与前瞻具有截然相反的意义指向，表现手法也不一样。但是它们实际上担负着相同的语篇功能：把现在、过去、将来整合起来，把重要的信息突出出来，让读者看到事物之间的联系，进而透过表层的内容事实信息深入到深层的思想理念信息中去。

回眸和前瞻不是互相孤立的手法，二者不仅有共同的语用目的，还有相互配合的用法，形成前后呼应的功效。张志公先生（1982：155）关于交代和照应有过这样的论述：交代和照应，实际上是一件事的两面。前边交代过的话，后边得有照应；后边要照应的话，前边得先有个交代。这样，文章的前后才能贯穿得起来，使读者很容易把握住全文的脉络，了解各部分的联系。我们看一个例子：

> 杨局长终于退休了。（石钟山：机关物语）

这是小说开头的第一句话，一开始就用前瞻，"终于"是个伏笔。接下来故事情节全面展开以后，我们又看到了这句话"杨局长终于退了"，此时它已经变成了回眸。如果说读者最初看到第一句话时还摸不着头脑，那么现在就很清楚了：杨局长退休了，老吕昏死在会场上，王副局长代局长了，老于高兴了。前瞻与回眸的呼应，不仅帮助读者了解时间和事件之间的关系，而且还突出了思想理念信息——揭示人性的复杂以及官场上错综的人际关系。

最后谈一下语体问题。以上所举各例，全部选自文学作品。的确，文学体裁以其独特的时空结构为回眸和前瞻提供了最佳的土壤。但这并不意味着其他语体没有这种用法，且不说特点相近的报刊政论体裁，就是以严密逻辑著称的科技语体也有回眸和前瞻的表现，这里仅举俄英各一例：

> ① Как было показано в предыдущих главах, все категории текста переплетены и взаимообусловлены (И. Гальперин. Текст как объект лингвистического исследования). 正如前面各章所示，语篇的所有范畴都是相互交叉和相互制约的。
>
> ② The more particular implications of structuralism may be left for the following pages; we shall look further into some of the theoretical differences... later in this chapter. (Lyons Y.)

前例的"正如前面各章所示"是典型的回眸手法，把读者引回到前几章去。后一个例子则明确告诉读者"这个问题将留在后面讨论"，提前预告了后面的内容。一般来说，科学著作的开头先提出问题并交代论著的主要内容，这属于前瞻，学术论文前面的摘要和关键词也都是前瞻的表现形式；专著和论文在结束时把研究的结论和要点总结一下，算是回眸，这些都是科学语体最常见的结构。

第七章　语义独立片段

§1 语义独立片段概述

句子有一种独立成分（обособленный член），因其在句中占有特殊的地位，即意义比重增加，一个成分相当于半个句子的作用，也称为半述谓成分（полупредикативный член）。与此类似，语篇中也有一种独立成分，叫做语义独立片段（автосемантические отрезки），指一段话语对于全文或其部分来讲具有相对的语义自主性（автосемантия）。（Котюрова 2003:14）有人把这种片段称为"可自我理解部分"（самопонятные части）（Лукин 1999:48），意思是说它们脱离上下文也可理解，原因在于独立性使它们对语境的依赖性降低。还有学者称之为"自由句"（свободные предложения）（Лосева 1980:69）和"特殊结构板块"（особые композиционные блоки）（Матвеева 1990:34）。不论称名如何，学者们（Шевченко 2003:63; Валгина 2003:63）承认语篇中确实存在着一些地位特殊的句子、超句统一体、段落或章节，它们一方面是语篇的组成部分，另一方面带有一定的独立性。

语义独立片段有大有小，不能一概而论，小的仅为一个句子，大到整个章节，介于两者之间的还有超句统一体和段落等单位。不论长度如何，它们共同的特点是具有"离散性"（дискретность），即与情节间接关联。

那么，作者为什么在情节推进过程中插入"离题"的话语呢？

我们知道，画家作画时要突出他认为最能体现意境的那个部分，并把这部分从整体中凸现出来，凸现就意味着某种程度的独立性。文学语篇也是一种艺术形式，它是作家深思熟虑写出的"成品"而非即兴交际的言语"过程"（Гальперин 2007:18；黄国文，徐珺 2006：3）。作家要根据创作意图合理安排情节，有叙事也有描写，还要在适当的时候作些评论。诚然，记叙文不同于论说性文章，作者往往把中心思想隐藏起来，寄希望于读者自己分析和判断事物的是非曲直。但是人们仍可以从作品的字里行间窥视作者的创作意图和潜意话语，其中重要的线索是作者插笔（авторское отступление），它往往用来突出作者认为重要的信息，大多为思想理念信息（安利 2006：69~70）。这样一来，叙述语言、人物话语、作者插笔交织在一起，编织成文学语言的独特结构，用显现的、隐含的以及半显半隐的方式来实现创作意图。

§2 语义独立片段的表现形式

前面我们把语篇的语义独立片段比作句子的独立成分，这是就其意义独立性而言。实际上二者之间有很大差异，区别之一在于句子独立成分有明确的形式标志，即用逗号将其与句子其他成分分割开来；而语篇的语义独立片段则完全没有这个形式特征。不仅如此，作者为了让读者接受他的思想而不给读者留下说教和教诲的印象，往往采用极其隐蔽的方式表达他的态度或情感（史铁强，安利 2009：38）。这样一来，识别语篇的独立片段成为一件很困难的事情。只有通读（甚至反复阅读）全文后才能看出某个片段的独立性或非独立性。有的时候，个别词语表面看与上下文紧密相连，但在全文的背景下会发现它们的语义自主性。杜拉耶娃（З. Я. Тураева）建议根据意义离散性（смысловая дискретность）原则区分独立片段，即看它是否可以从语境中剥离出来。（Тураева 1986:120）加利别林（Гальперин 2007:103）则认为语义独立片段有一定的形式标志，如语音方面的话剧人物旁白，在内容、结构、用词、语音、语调等方面都不同于人物间的对话；词汇方面独立片段与上文之间没有词语重复或同义词替代；语法方面语义没有指示性成分（дейктический элемент），如人称代词和指示代词等。如同句子中的独立成分一样，语篇的语义独立片段的自主性永远都是相对的。一个语义独立片段的内容，看起来好像可以单独提取出来，但实际上总是以这样或那样的方式与上下文相联系，无法完全脱离上文段落或者下文语境。

1. 作者言语

作者言语是从言语类型的角度来进行分类的。先看一个例子：

> Голос матери, звавшей ее разливать чай, вызвал деревенскую барышню из этой минутной задумчивости. Она встряхнула головкой и вошла в чайную.
>
> Лучшие вещи всегда выходят нечаянно: а чем больше стараешься, тем выходит хуже. В деревнях редко стараются давать воспитание и потому нечаянно большею частию дают прекрасное. Так и случилось, в особенности с Лизой. Анна Федоровна, по ограниченности ума и беззаботности нрава, не давала никакого воспитания Лизе: не учила ее ни музыке, ни столь полезному французскому языку, а нечаянно родила от покойного мужа здоровенькое, хорошенькое дитя – дочку... (Л. Толстой. Два гусара).

从言语形式来看，上述两段文字都是作者言语，其中斜体部分为语义独立片段。它的独立性表现在作者在叙事过程中悄无声息地转向了议论：由母亲唤出女儿出来给客人倒茶到作者发出感慨："好东西都是无意中产生的，越刻意追求越不行。"这句话完全可以脱离语境而独立存在，并成为放之四海而皆准的真理。再往下的两句话仍然是语义独立片段，但其独立性与前两句相比已然减弱，因为它与语境的联系更加紧密：Анна Федоровна（安娜·费多洛芙娜）没有教过孩子音乐和法语，却不经意间培养出一个健康漂亮的女儿Лиза（李莎）。

由此我们看到，语义独立片段根据自主程度可以分为完全独立片段和半独立片段，前者在内容上具有高度的概括性，不受具体的人或事限制，形式上通常置于篇首或段首，与前后段落没有语法联系：既没有连接词和指示词，也没有其他联系词语。而半独立片段的概括意义或多或少体现在具体事物上，形式方面通常有联系词语与上文衔接。

2. 人物言语

有时作者为了拉近自己与读者的关系，可能借作品中人物之口表达自己的思想和理念。此时他往往赋予人物一些带有哲理性的言语。例如：

> 我向他提出了三天来一直想提而不便提及的一个问题：
>
> "你现在是玛拉哈大夫，还是玛拉哈活佛？大夫是人，如果是活佛，那该是神了。"
>
> 他坐在躺椅里，手里拿着茶杯，惨然一笑，不紧不慢地说了下面一段话：
>
> 嘻！人世间，原本是没有神的。人们出于愚昧，寻求寄托，便创造出一个神来；而被人们创造成为神的那个人，在人们虔诚的膜拜下，起初朦朦胧胧觉得自己好像是个神，久而久之，便认定自己就是神，摆出神的架势，于是人们就膜拜得越发虔诚，信仰得越发狂热，岂不知是被戏弄了。人们创造神，是对被创

（接上）

> 造成为神的那个人的戏弄；而被创造成为神的那个人，也摆出一副神的架势，戏弄那些把他创造为神的人们。千百年来，我们就是在这种互相戏弄中度过的。那些年代对于我们，对于历史，都属荒诞无稽。好在历史终归是由人民来写的，那些荒诞无稽的年代，已经过去了。（玛拉沁夫：活佛的故事）

这一大段语义独立片段实际上是这部小说的中心思想，但他不是以作者言语的形式，而是出自人物之口，让人物自己道出发人深省的话语。

除了文学作品以外，科学语体中的引证（цитата）也属于语义独立片段。因为引证本身就是他人话语，它的出现使语篇具有互文性，并因此在语篇中具有一定的独立性。

3. 非纯直接引语

所谓非纯直接引语（несобственно-прямая речь）是一种介于作者语言和人物话语之间的现象。表面上看属于作者言语，其形式与其他叙述部分无异，但其实质更接近人物语言，大多为人物的内心独白。例如：

> "钱，钱！"姑娘激动地喊，"你把女儿当东西卖！……"
>
> 母亲顿时噎住了。她浑身无力，扶着半截土墙缓缓地坐到地上。"把女儿当东西卖！"这句话是那样刺伤了她的心，又是那样地熟悉！是谁在女儿一样的年纪，含着女儿一样的激愤喊过？是谁？——唉唉！不是别人，正是她自己呀！……（张弦：被爱情遗忘的角落）

加下划线的部分是谁的话？作者的还是人物（母亲）的？表面看仍然是作者的叙述语言，但是实际上已经悄悄变换为人物话语，这是母亲在心里的呼喊，是她的内心独白。如果我们把最后一句话中的"她"改为"我"，意义没有任何变化，足见作者言语已经十分接近于人物话语，因此称为非纯直接引语。这里的语义独立片段作为衔接和过渡手段，引来后面母亲关于自己青年时期恋爱的回忆。

再看一例：

И вот Лида смотрит рисунки. Как и всех, ее прежде всего поразила, конечно, не их талантливость. Главное для нее было в другом: как объяснить это себе и как объяснить окружающим! «Мальчишка – я едва знаю его – изо дня в день втихомолку вглядывается в меня, рисует меня... как он смел угадать, о чем я думала тогда, когда ушла с лекций и сидела на скамеечке в саду? А если не угадал, откуда появилось на рисунке это выражение лица? Откуда он может знать мои мысли? А он знает! Если бы не знал, не нарисовал бы этот рисунок так... А если знает, то как смеет показывать, что знает? Кто позволил ему вывесить эти листы для всеобщего обозрения?»

Конечно, поэты и художники прославляют любимых стихами и кистью. Это известно. Но то великие поэты, великие музыканты, великие художники. И любовь их великая. Ее запоминают на века. О ней пишут книги. О ней говорят на экзаменах, когда сдают литературу. Но это и есть необыкновенная любовь. И женщины, сумевшие внушить ее, тоже были необыкновенными. А тут речь идет о ней... О ней и о мальчике в суконной куртке с молнией. Эту куртку ему, наверное, сшили, еще когда он ходил в школу. Вот он стоит рядом, едва осмеливаясь поднять на нее глаза, которыми он увидел все: даже то, о чем она сама едва догадывается (С. Львов. Рисунок карандашом).

美术学院一名男学生把同班女生丽达画进了自己的一组绘画作业中，并在走廊里挂出展览，丽达闻讯后赶来观看。这里讲的就是这段情景。我们看到言语在悄无声息地发生转变：先是作者的叙述；继而是丽达的内心思想，用带引号的直接引语形式表述；接下来的加下划线部分便很难判断言语的归属：表面看属于作者言语，但从内容上似乎仍延续着丽达的内心独白。作家正是利用这种"模棱两可"的语言来阐述自己的重要思想。

应该指出，非纯直接引语是语义独立片段常用的表现形式，作者介于真实身份和假面具之间发表这样或那样的看法和评论，是一种最安全的表达方式，既可以不给读者留下夸夸其谈、教训别人的印象，又可以借机拉近与读者的距离。

§3 语义独立片段的类型

文学创作，讲究张弛有度，语义独立片段属于"弛"的部分，它让情节推进暂停下来，给读者一个喘息、环顾、思考的机会。

1. 突出主旨

凡是文章都有主旨，只不过表现形式不同而已。有的明确亮出作者的观点和态度，有的则隐含在情节和事件之中，还有的在关键之处显"一篇之警策"使主旨鲜明。（张寿康 1983：75）语义独立片段就具有后一种功能，它作为语篇的文眼，窥视中心，提挈全文，起到呼兵唤将的帅令作用。（孙移山 1986：138）例如：

> Григ писал музыку для Дагни Педерсен больше месяца.
>
> Началась зима. Туман закутал город по горло. Заржавленные пароходы приходили из разных стран и дремали у деревянных пристаней, тихонько посапывая паром.

接上

> Вскоре пошел снег. Григ видел из своего окна, как он косо летел, цепляясь за верхушки деревьев.
>
> <u>Невозможно</u>, конечно, <u>передать музыку словами</u>, <u>как бы ни был богат наш язык</u>.
>
> Григ писал о глубочайшей прелести девичества и счастья (К. Паустовский. Корзина с еловыми шишками).

挪威著名作曲家格里格（Григ）一次偶遇林区小女孩 Дагни（达格尼），并答应十年后送给她一个礼物。十年后的生日这一天，Дагни 意外听到一首为她而作的曲子，原来那个善良的陌生人竟是著名作曲家，这首曲子就是他承诺的礼物。小说非常感人，它的主题是展示音乐对人的震撼和激励作用。这里引述的一、五段是叙事，讲作曲家写这部音乐的过程；二、三段是写景，衬托写作的艰辛；唯有第四段是"离题"话语，但正是这句"任何词语都无法表达音乐，不论我们的语言多么丰富"表达了作品的中心思想。

2. 抽象概括

在《战争与和平》中，托尔斯泰用整整一章写关于战争的看法、1812 年战争的局势、战争策略等。从叙事角度来说，这一章的情节没有任何推进，但作者却巧妙地利用"暂停"的时机把事件上升到道德、道义的高度，让人们反思战争的话题。由于篇幅所限，本节无法引述托尔斯泰的例子。我们看下面的例子：

> <u>Бывает так</u>: человек, одержимый одной мыслью, одним страстным желанием, даже будучи очень пьян, продолжает действовать целеустремленно, разумно, добиваясь своего. Потом он не способен вспомнить подробности, последовательность событий, сказанные им слова – только по результатам сможет понять, что поступал правильно. Лишь отрывочно, как сквозь

（接上）

> туман, припоминаю я, чем занимался, покинув Новочеркасск с
> единственной целью: разыскать Давниса и Оглы. Но при этом
> поступки мои были, вероятно, вполне правильными. И на людей,
> с которыми доводилось встречаться, даже на старых знакомых,
> офицеров и генералов, я не производил отрицательного
> впечатления, не казался им человеком больным (В. Успенский.
> Тайный советник вождя).

　　作者先用一段抽象概括的话语来总结人生，解释生活中的某些现象，然后再引出具体的故事来说明这个现象。这里先总结后叙事，作者用高度概括的语言剖析日常生活中司空见惯的现象，将其上升到哲学的高度，使读者不仅接触故事本身，而且从中挖掘更加深刻的思想内涵，继而为揭示全篇的思想理念信息做出铺垫。故事情节的"暂停"为读者深入思考创造条件。

　　如下面的例子也属于这一类：

> 生活中往往有一些蹊跷的事，十分偶然却有着明显的根源；令人惊诧又实在平淡无奇。比如畸形者，多么骇异的肢体也都可以找到生理学上的原因，只是因为人们的少见而多怪罢了。存妮和小豹子之间发生的事，就是这样。（张弦：被爱情遗忘的角落）

3. 交代背景

　　对故事的全面理解，有时难免需要一些背景知识，语义独立片段便来充当这个角色。例如：

> 第二天中午，村里忽然传说着一件对我说来简直是不可思议的事情：昨天还跟我一起光着屁股抓鱼的小玛拉哈，被格根庙选中成为活佛了！说选中活佛是不确切的。按照佛教的观点，

（接上）

> <u>活佛是"前生转世"的。</u>也就是说，前世活佛生前就已经把自己来世将要投生到何处何家，用金汁写在红缎子上，密封在一个雕花银罐里，藏在某一秘密的地方。在他死后，由活佛的经师主持，召集大喇嘛议事会议，当众启封开罐，宣读前世活佛的遗言，并遵照他那谜语般难解的遗言所提供的线索，去寻找活佛的转世人。（玛拉沁夫：活佛的故事）

　　这里先说小伙伴突然被选中活佛，接下来故事没有继续讲下去，而是旁开枝杈，介绍活佛转世的程序。这个信息不在情节主线上，却是故事内容的重要补充，为理解"活佛是人而非神"的中心思想打下基础。

4. 增添情趣

　　我国修辞学认为旁逸具有增添情趣的作用，《修辞学词典》对这个词条的解释是：在说写过程中，有意离开主题作某种插说或注释，以增添话语的情趣。（王德春 1987：113）试看下例：

> В один прекрасный вечер не менее прекрасный экзекутор, Иван Дмитрич Червяков, сидел во втором ряду кресел и глядел в бинокль на "Корневильские колокола". Он глядел и чувствовал себя на верху блаженства. Но вдруг... <u>В рассказах часто встречается это «но вдруг». Авторы правы: жизнь так полна внезапностей!</u> Но вдруг лицо его поморщилось, глаза подкатились, дыхание остановилось... он отвел от глаз бинокль, нагнулся и... апчхи!!! Чихнул, как видите. <u>Чихать никому и нигде не возбраняется. Чихают и мужики, и полицеймейстеры, и иногда даже и тайные советники. Все чихают</u> (А. Чехов. Смерть чиновника).

契诃夫在《官吏之死》中以诙谐的语言嘲讽了小官员的卑贱奴才心理。这里引述的是小说的开头，小官吏在剧院里打了一个喷嚏，有何奇怪，谁不打喷嚏呢？作者用近乎调侃的语言展开了故事情节，但正是在调侃的背后隐藏着作品的中心思想：区区小事竟导致官吏死去，除了小官员的奴性以外，还有畸形的社会环境。

§4 语义独立片段的谋篇功能

写文章讲究布局谋篇，所谓起承转合，指文章开篇、展开、转折和收尾等几个关键环节。每个环节上，语义独立片段都可以起到重要的作用。

1. 开 篇

小说的开头有多种形式，有的开门见山，直接叙事；有的描写景物，交代环境；有的阐发道理，以理启事。我们要谈的是后一种情况，即先说理后叙事。比如《三国演义》的开头"话说天下大势，分久必合，合久必分"不能算故事的开始，真正的叙事从第二段才开始："周末七国纷争，并入于秦……"。第一段实际上是一个语义独立片段，它的作用有两个：（1）用普适性话语引导出故事，（2）用高度概括的形式点明主题。以这种方式开头的鸿篇巨制不是个别的，托尔斯泰的著名小说《安娜·卡列尼娜》也是这样开篇的：

Все счастливые семьи похожи друг на друга, каждая несчастливая семья несчастлива по-своему.

Все смешалось в доме Облонских... (Л. Толстой. Анна Каренина).

"幸福的家庭都是相似的，不幸的家庭各有各的不幸"，这是语义独立片段，正式叙事从第二段开始："奥布隆斯基家里一切都混乱了"。我们看到，《三国演义》和《安娜·卡列尼娜》小说内容迥异，但开篇如出一辙，都是先从哲学高度概括人生和社会，然后才转入叙事正文。

再看一例：

> Русский характер! – для небольшого рассказа название слишком многозначительное. Что поделаешь, – мне именно и хочется поговорить с вами о русском характере.
>
> Русский характер! Поди-ка опиши его... Рассказывать ли о героических подвигах? Но их столько, что растеряешься, – который предпочесть. Вот меня и выручил один мой приятель небольшой историей из личной жизни. Как он бил немцев – я рассказывать не стану, хотя он и носит золотую звездочку и половина груди в орденах. Человек он простой, тихий, обыкновенный, – колхозник из приволжского села Саратовской области (А. Толстой. Русский характер).

这是阿·托尔斯泰小说《俄罗斯性格》的开篇。在正式开始故事之前，作者先用几句话阐发他对小说题目的看法，即什么是俄罗斯的性格，怎样写这个话题，这些看似与情节无关的话语，其实隐含着揭示主题的动机。

2. 收 尾

小说的结尾，可以用故事的结束来收场，也可以像开篇那样凝练主题，画龙点睛，还有不少情况是首尾呼应，把开头的重要思想进一步阐发，增强文章的说服力和感染力。《俄罗斯性格》在开始提出问题之后，讲述了一个战士因战争毁容却保有心灵纯洁的故事，最后小说这样结尾：

> Да, вот они, русские характеры! Кажется, прост человек, а придет суровая беда, в большом или в малом, и поднимается в

（接上）

нем великая сила – человеческая красота (А. Толстой. Русский характер).

这个结尾照应了开篇，点睛之笔帮助读者挖掘语篇主旨，增加了结尾的力度。

再看一个汉语的例子：

三亩塘的水面上，吹来一阵轻柔的暖气。这正是大地回春的第一丝气息吧！它无声地抚慰着塘边的枯草，悄悄地拭干了急急走来的姑娘的泪。它终于真的来了吗，来到这被爱情遗忘了的角落？（张弦：被爱情遗忘的角落）

这个结尾给悲剧故事描绘了一个充满希望的场景，它在描写自然景物的外表下发出作者的呼喊：让春天快点来到这块土地吧！这种收尾形式振聋发聩，令人回味无穷。

3. 过 渡

语义独立片段不仅可以用在篇首和篇尾，还大量出现于作品的中间，其中较常见的用于段首，起衔接过渡的作用。我们知道，一部小说，由众多的事件组成，故事之间通常需要有一个过渡。例如：

人生之路充满坎坷曲折，这话果然不错。公公过花甲那阵，精力、体力还远远胜过五十左右的人，谁想到不久就突然中风离开了人世。（林元春：亲戚之间）

这里的下划线部分就是起着转折过渡的作用：此前一直讲这个大家族的辉煌，随后立刻做出一百八十度的大转弯有些突然，于是作者用一个语义独立片段充当衔接手段。

再如：

> "你爷爷还爱唱吗？""一天价瞎唱。""还唱《走西口》吗？""唱。""《揽工调》呢？""什么都唱。""不是愁了才唱吗？""咦？！谁说？"
>
> <u>关于民歌产生的原因，还是请音乐家和美学家们去研究吧。</u>我只是常常记起牛群在土地上舔食那些渗出的盐的情景，于是就又想起破老汉那悠悠的山歌……（史铁生：我的遥远的清平湾）

这里在人物对话之后插入一个过渡句，然后继续后面的话题。

4. 照　应

关于交代和照应，张志公先生（1982：155）有一段通俗的解释："前面说过一句话，如果它有重要的意义，如果在前边还不能马上说得很清楚，那么总得在后边一个适当的地方照应一下。否则，前面那一句就落了空，人家不是忽略了它的重要性，就是干脆不明白为什么要说那么一句话。"我们用实例来说明这个意思：

> <u>秘密就是身份。秘密越多的人身份就越高。</u>比方在厂里，秘密最多的人就是厂长，其次就是副厂长，再下来是车间主任、班组长，到他这里那就都是狗屁。（陈世旭：甜筒）

小说讲到这里读者不清楚秘密与身份的联系，为什么有秘密就高人一等。读者不解之处就是小说的玄机所在，从小说的这个段落往后数 131 个自然段，我们又读到开头那句话："说秘密就是身份，秘密越多的人身份就越高是不错的，丝光袜子自己就可以证明。在袜厂，他掌握了厂长级的秘密，他的身份也就跟厂长一样了。"此间的 131 个段落已经揭开了秘密与身份的关系：主人公丝光袜子掌握了厂长们的秘密，这成为他免于被开除和下岗的有力武器。小说中多次重复同一句话语，既有交代和照应的功能，又有突出重要信息的作用，因为重复性表述必然在读者头脑中打下深刻的烙印。

从以上的实例分析可以看出，语义独立片段是语篇的组成部分，但其意义往往延伸到语篇以外，获得超出语境的力量。它可以以单句的形式存在，也可以由若干句子组成超句统一体或章节。语义独立片段与故事正文浑然一体，无经验的读者不易觉察，有时甚至因此而忽略重要信息。因此，在阅读文学作品时，既要看到情节主线，又要关注"旁枝末节"；作语篇分析时，要兼顾内容和形式两个方面，这是俄罗斯语文学给我们的启迪，也是值得我们学习和借鉴的地方。我们运用俄罗斯学者的语篇思想，尝试分析了汉语和外语中一些事例，目的是引起学界对语篇的语义独立片段的关注，借以提高对文学名著的鉴赏力和个人写作的构思谋篇能力。

第八章　谋篇与修改

§1 动词时、体的谋篇作用

动词的时（время）、体（вид）形式属于语法范畴，是词法和句法的研究对象。词法考察完成体/未完成体的形式和用法以及现在时、过去时、将来时 3 种时间及其意义，句法则探讨动词时的范畴如何与情态性以及人称范畴相结合构成句子述谓性的问题。

然而，动词时、体的另一个重要功能常常被人们所忽略了：它不仅是语言研究的对象，而且也是文学作品分析的客体。在小说的布局谋篇中，时、体范畴是十分重要的手段之一，是架构文学语言的有机组成部分。

本节以契诃夫的短篇小说作为研究对象，根据文学作品情节展开的一般性规律，依次从起、承、转、合等 4 个方面来分析时、体的运用，重在探讨时、体范畴串联整篇话语的功能。

1. 起

起是文章的开端。

小说里常以时间和地点作为叙事的开头。契诃夫的短篇小说《一个文官的死》基本上就是沿用这种模式。

但是，在契氏的作品中，"起"大多分为两个部分：先有一个背景的交代，引出作品中的人物，其作用类似于音乐作品中的前奏；交代背景之后，话题一转，开始小说的叙事正题部分。

> В один прекрасный вечер…Иван Дмитрич Червяков… сидел во втором ряду кресел и глядел в бинокль… Он глядел и чувствовал себя на верху блаженства. Но вдруг лицо его помощилось, глаза подкатились, дыхание остановилось… он отвел от глаз бинокль, нагнулся и… апчхи!!! Чихнул… (А. Чехов. Смерть чиновника).

这里作者先以动词未完成体句子引出作品的人物，交代故事发生的时间和地点，以及主人公在事件开始之前的活动，这部分叙述是缓慢的、轻松的。但紧接着情况发生了变化，从 Но вдруг（但是突然）开始，由完成体动词表示的一连串意想不到的动作，加快了小说的叙事节奏，意味着小说的故事从这里正式开始了，而前面那部分只是正题前的一个铺垫和交代。

起的两部分中动词时、体的运用各有特点：在交代人物和背景部分，契诃夫惯用动词未完成体形式，表示人物所处的状态或人物行为的过程意义；而后行文突然转用完成体形式，表示过程意义的终止和具体事实意义的开始。小说《贼》就是采用这种方法引出所要讲的故事。

> Фельдшер Ергунов…как-то в один из святых вечеров возвращался из местечка Репина… Сначала погода стояла ничего себе, тихая, но часам к восьми поднялась сильная метель, и когда до дому оставалось всего верст семь, фельдшер совершенно сбился с пути… (А. Чехов. Воры).

这篇小说一开始就交代了事件的背景——整个故事都发生在主人公回家的路上。这个开篇先由未完成体引出人物，给出一个宽泛的时间段和活动空间，然后在某个具体的时间、地点内，动词突然转为完成体，接下来的故事就从此展开了。

小说《美女》由两个部分组成，它们的开篇十分相似：

> Помню, будучи еще гимназистом V или VI класса, я ехал с дедушкой…в Ростов-на-Дону. …Кормить лошадей остановились мы в большом армянском селе…
>
> В другой раз, будучи уже студентом, ехал я по железной дороге на юг… На одной из станций… вышел я из вагона прогуляться по платформе (А. Чехов. Красавицы).

这篇小说描述了"我"所见到的两个美丽少女。在第一个故事里，作者先交代事件发生的大环境——"我"和爷爷去顿河罗斯托夫，这一句用动词未完成体做谓语；接着动词改换为完成体——"我们"在一个亚美尼亚村子里停下来歇脚，真正的故事也就从这里开始了。

第二个故事也是发生在"我"去某地的路上，同样是在未完成体句子开篇之后，很快用完成体切入正题——"我"在一个站下了车，接下来的事件就发生在站上了。

以上我们分析的是几个用未完成体与完成体转换形成的开篇。在契诃夫的短篇小说中还有另外一种"起"的方式：交代和正式叙事都用未完成体形式。但仔细剖析一下，两种形式有异曲同工之妙。

我们来看《变色龙》的开篇：

> Через базарную площаль идет полицейский надзиратель Очумелов… Слышен собачий визг. Очумелов глядит в сторону и видит…(А. Чехов. Хамелеон).

这里一开始也同前几例一样，用未完成体句子引出人物，但接下来，当叙事转入正题时，作者没有像前几例那样改用完成体形式，仍以未完成体表述。其实细一体味，此处的未完成体现在时与完成体过去时功能相等：这里用的是所谓历史现在时，即把以前发生的事情用现在时的形式来述说，目的是把故事讲得更形象，似乎事件就发生在读者的眼前。假如我们把未完成体现在时改为完成体过去时，其原来的意义不变：Послышался собачий визг. Очумелов поглядел в сторону и увидел… 不过这样一改，原文的形象意义就大打折扣了。

2. 承

承是指情节的展开，是把已经开始的事件一步步地向前推进。一般来说，能够起到推动情节发展作用的主要是动词的完成体形式（用于历史现在时的未完成体除外），因为只有完成体才能表示顺序进行的动作，才能把事件沿时空隧道逐步展开。例如小说《万卡》在用未完成体开篇之后，立刻转入完成体的叙事，如果把该作品中情节主线上的完成体形式串联起来，它们本身就构成了一个完整的故事：

> Он достал пузырек с чернилами.., стал писать, оглянулся, вздохнул, вообразил, умакнул перо, покривил рот, потер глаза, всхлипнул, вспомнил, свернул лист, вложил в конверт, написал адрес, почесался, надел шапку, выбежал на улицу, сунул письмо в ящик (А. Чехов. Ванька).

这部小说情节主线的时间仅局限在圣诞节的夜晚，这晚上主人公万卡写了一封信，情节的主线从他拿出墨水一直到写完信，一连串的具体动作全部用完成体来表示，这样就把故事按时间顺序一步步推向前去。

再如前面分析过的《一个文官的死》，其情节的展开也是依靠完成体来进行的：

> Червяков не сконфузился, утерся платочком, поглядел вокруг себя: узнал статского генерала, сконфузился, подошел к Бризжалову, походил, пробормотал, рассказал жене, надел новый вицмундир, подстригся и пошел к Бризжалову объяснять, попятился к двери, вышел на улицу и поплелся, лег на диван, помер (А. Чехов. Смерть чиновника).

这一系列完成体过去时形式足可以概括故事的梗概，它们像一条线将发生在文官身上的各个事件串联起来。

小说《美女》的两部分，如果把每部分里完成体过去时连接起来，也可以构成粗线条的叙事框架：

（"我们"歇脚在一个亚美尼亚村庄之后）Хозяин пригласил меня пить чай. После чаю дедушка лег спать, а я вышел из дому и сел на крылечке. Три часа ожидания прошли незаметно, не успел я наглядеться на Машу, как Карпо съездил к реке, выкупал лошадь и уж стал запрягать. Проснулся дедушка. Маша со скрипом отворила нам ворота, мы сели на дроги и выехали со двора.

（在一个车站上"我"走出车厢以后）Я заметил, что большинство гулявших пассажиров ходило и стояло только около одного вагона второго класса. Пробил третий звонок, раздались свистки, и поезд лениво тронулся. В наших окнах промелькнули сначала кондуктор, начальник станции, потом сад, красавица со своей чудной, детски-лукавой улыбкой... (А. Чехов. Красавицы).

但是，文学作品不是一本流水账，不是简单的事件罗列，它还有着其他的表现形式，例如叙述中会伴有描写、议论，正叙中往往夹杂着插叙等等，这样，我们就不能不涉及写作手法的另一个重要内容——转。

3. 转

转是改变叙述的角度，进一步加以发挥。小说中加入的插叙、描写或其他情节都属于"转"的范围。在《万卡》里，小说的主线是万卡写信，实际上小说中一共有3个叙事层面：(1) 讲述万卡写信的活动，(2) 万卡的信，(3) 万卡回忆和想象中出现的画面。后两个层面就是"转"的体现。

在《万卡》的写信的主线上，基本上使用了动词完成体形式，这一点我们在前面已经分析过了，同时这里也有一些未完成体形式，主要是那些表示写信动作的词 писал（写）、продолжал писать（继续写）、продолжал（继续），其作用类似于直接引语前后的作者言语。

《万卡》主线上另一类未完成体的作用是描写，交代行为发生的背景和环境。例如：

> По обе стороны иконы тянулись полки с колодками… Бумага лежала на скамье, а сам он стоял перед скамьей на коленях… в темном окне мелькало отражение его свечки…(А. Чехов. Ванька).

在《美女》里也有大量的人物描写片段，其中有些地方还夹杂了长段的抒情议论，这些议论也大多采用未完成体形式。例如：

> Это была именно та красота, созерцание которой…вселяет в вас уверенность, что вы видите черты правильные…вам кажется почему-то, что у идеально красивой женщины должны быть именно такой нос…Глядите вы, и мало-помалу вам приходит желание сказать Маше что-нибудь необыкновенно приятное… (А. Чехов. Красавицы).

由此可见，未完成体的功能重在描写和议论，甚至当讲述人物的动作时，如果使用的不是完成体而是未完成体形式，也会起到描写的作用，这是动态的描写。如在《美女》里：

> Стоя у она и разговаривая, девушка, пожимаясь от вечерней сырости, то и дело оглядывалась на нас, то подбоченивалась, то поднимала к голове руки, чтобы поправить волосы, говорила, смеялась, изображала на своем лице то удивление, то ужас, и я не помню того мгновения, когда бы ее тело и лицо находились в покое (А. Чехов. Красавицы).

在《万卡》里，信是小说的另一个叙事层面，它的叙述主体已经不再是作家，而是作品中的人物 —— 万卡，因此动词时、体的出发点有别于作者的叙述。在信里使用了动词的全部 3 种时间形式：现在时、过去时和将来时，这些时间都是针对写信时刻而言的。

现在时是信里的主要时间形式，它有各种意义 —— 有的是与写信时刻相吻合的真正意义的现在时。例如：

> И пишу тебе письмо. Поздравляю вас с рождеством.

有的是表示经常意义和重复行为的现在时。例如：

> Подмастерья надо мной насмехаются… а хозяин бьет чем попадя… Утром дают хлеба, в обед каши… Меня все колотят и кушать страсть хочется, а скука такая, что и сказать нельзя, все плачу.

还有的现在时与具体时间无关，只是一种描写和评价，因此用无动词的结构。例如：

> А Москва город большой. Дома все господские и лошадей много, а овец нету и собаки не злые… А в мясных лавках и тетерева, и рябцы и зайцы…

信里的动词过去时和将来时也是针对写信时刻而言的，是写信前和写信后发生的动作。例如：

> А вчерась мне была выволочка. Хозяин выволок меня за волосья на двор и отчесал шпандырем..; А на неделе хозяйка велела мне почистить селедку, а я начал с хвоста, а она взяла селедку и ейной мордой начала меня в харю тыкать..; А намедни хозяин колодкой по голове ударил…Я буду тебе табак тереть, богу молиться… А когда вырасту большой, то за это самое буду тебя кормить и в обиду никому не дам… (А. Чехов. Ванька).

215

《万卡》的第三个叙事层面是小主人公回忆和想象的农村生活画面，这个层面中的动词主要是现在时形式，它也有多种意义 —— 有表示经常行为的或评价意义的。例如：

> Это маленький, тощенький… старикашка… Днем он спит в людской кухне или балагурит с кухарками, ночью же, окутанный в просторный тулуп, ходит вокруг усадьбы и стучит в свою колотушку; Этот Вьюн необыкновенно почтителен и ласков, одинаково умильно смотрит как на своих, так и на чужих…

有用于表示与万卡想象时刻同时发生的动作的。例如：

> Теперь, наверно, дед стоит у ворот, щурит глаза на ярко-красные окна деревенской церкви..; Каштанка чихает, крутит мордой и, обиженная, отходит в сторону…

特别值得一提的是，当小说的叙事从万卡的想象回到作者叙述上来时，动词的时、体也悄悄地发生了变化 —— 由未完成体逐步过渡到完成体，表明人物的思想活动已经结束，叙事方式又回到作者叙述的主线上来。例如：

> Срубленную елку дед тащил в господский дом, а там принимались убирать ее… Больше всех хлопотала барышня Ольга Игнатьевна, любимица Ваньки. Когда еще была жива Ванькина мать Пелагея и служила у господ в горничных, Ольга Игнатьевна кормила Ваньку леденцами и от нечего делать выучила его читать, писать, считать до ста и даже танцевать кадриль. Когда же Пелагея умерла, сиротку Ваньку спровадили в людскую кухню к деду, а из кухни в Москву к сапожнику Аляхину… (А. Чехов. Ванька).

4.合

合是小说的结尾，交代人物和事件的结局。在契诃夫的短篇小说中有各式各样的结尾，不能一概而论。但是我们注意到，在他的许多作品里有很多首尾照应的现象，目的是头尾呼应，点明主题，留给读者一个清晰有力的印象。例如《万卡》的开头是小男孩万卡在圣诞夜睡不着觉，动词采用未完成体形式，如 Ванька Жуков… в ночь под рождество не ложился спать（万卡…，在圣诞夜睡不着觉），而小说的结尾又回到了这个话题，并且动词谓语仍然用未完成体形式与前面照应。例如：

> Убаюканный сладкими надеждами, он час спустя крепко спал… (А. Чехов. Ванька).

在《变色龙》里，开篇提到警官在市集上穿过，动词是未完成体现在时，结尾处仍用与之同义的动词，并且还是未完成体现在时形式。例如：

> Очумелов.., запахиваясь в шинель, продолжает свой путь по базарной площади (А. Чехов. Хамелеон).

《套中人》的开篇讲到兽医伊万·伊万内奇和中学教师布尔金狩猎误了时辰，留在某个小村庄过夜，用的是动词未完成体形式。例如：

> Не спали. Иван Иваныч, высокий худощавый старик с длинными усами, сидел снаружи у входа и курил трубку; его освещала луна. Буркин лежал внутри на сене, и его не было видно в потемках (А. Чехов. Человек в футляре).

接下来小说情节进入另一个叙事层面 —— 人物讲故事（其实小说的大部分篇幅是在这个层面上展开的），到结尾处作者又把叙述从人物的故事中拉回来，重新回到开篇的地方。例如：

> И минут через десять Буркин уже спал. А Иван Иваныч все ворочался с боку на бок и вздыхал, а потом встал, опять вышел наружу и, севши у дверей, закурил трубочку (А. Чехов. Человек в футляре).

这里的动词时、体基本上照应了开头，只是在最后一句里用了完成体形式，给读者留下思索的余地。

小说《苦恼》的情节很简单：一个车夫的儿子死了，他想把自己的痛苦讲给别人，但没有人理会他，最后他只好讲给马听。小说开篇把车夫及其环境略加描写之后，很快切入车夫"唠叨"的话题。例如：

> Иона оглядывается на седока и шевелит губами… Хочет он, по-видимому, что-то сказать, но из горла не выходит ничего, кроме сопенья (А. Чехов. Тоска).

小说的结尾回扣主题，动词也还用未完成体现在时形式。例如：

> Иона увлекается и рассказывает ей все… (А. Чехов. Тоска).

从以上分析中不难看出，动词的时、体范畴不是一个孤立的语言现象，它与篇章的结构和布局有着密切的联系。一部作品以怎样的形式开头，采用何种叙事方式，故事情节如何展开和过渡，以及怎样收尾等等，这些看似文学修辞的任务，实际上都与动词时、体的运用有关。因此，分析文学作品的语言，既要考虑到思想内容的一面，也要着重探讨表达思想的语言形式。

§2 文章修改与语篇衔接

凡写文章，总要进行修改，即便是已经发表了的作品，在收进集子或再版时，作者也还要改了再改。

那么，文章修改的依据是什么？为什么应该这样写，不能那样写；这里要删去，那里要增添呢？

下面我们就按照文章修改的几种形式逐一进行分析。

1. 增　补

◆ 1）添加句子，疏通意脉

修改文章，要跳出单个句子的限制，站在语篇的高度，看行文是否连贯自然，意脉是否畅通。若有表意含糊，前后脱节等现象，就要考虑增补适当的语句。例如：

> Вскоре я увидел, как из-за крайних дворов хутора вышел на дорогу мужчина. Она вел за руку маленького мальчика, судя по росту, лет пяти-шести, не больше. Они устало брели по направлению к переправе, но, поравнявшись с машиной, повернули ко мне. Высокий, сутуловатый мужчина, подойдя вплотную, сказал приглушенным баском:
>
> – Поздоровайся с дядей, сынок. Он, видать, такой же шофер, как и твой папенька. Только мы с тобой на грузовой ездили, а он вот эту маленькую машину гоняет (М. Шолохов. Судьба человека).

这是肖洛霍夫《一个人的遭遇》中的一段。从内容上看，第二自然段是陌生男子对孩子说的话，但因没有明确交代，表意不清。而且这里由动态的描写转为人物独白，跳跃较大，衔接不自然。因此，再版时作者做了如下修改：

> ... Высокий, сутуловатый мужчина, подойдя вплотную, сказал приглушенным баском:
>
> – <u>Здорово, браток!</u>
>
> – Здравствуй, – я пожал <u>протянутую мне большую,</u>

（接上）

черствую <u>руку</u>. <u>Мужчина</u> <u>наклонился</u> <u>к</u> <u>мальчику</u>, сказал:

— Поздоровайся с дядей, сынок...

经过增补，表意清楚了，前后衔接也连贯了。

❖ 2）增加词组，转折过渡

当话语在所述事件的时间、地点、人物等方面变化较大时，一般要用适当的词语作为过渡，否则便不连贯。例如：

原文

Днем в контору пришла мать пухлого мальчонки.

— Что же это! – закричала она. – Моего мужика в МТС не отпускаешь, другие идут?!

У Луши отлегло от сердца.

— Кто идет? – спросила она.

— Да ты что, не знаешь? Сашка Гаврилов наниматься собрался.

Луша вызвала Сашу в правление.

— Ты что, в МТС хочешь подаваться? – спросила она.

— Еще не обдумал. Погляжу (С. Антонов. Тетя Луша).

改文

...

— Да ты что, не знаешь? Сашка Гаврилов наниматься собрался.

<u>На</u> <u>другой</u> <u>день</u> Луша вызвала Сашу в правление.

— Ты что, в МТС хочешь подаваться? – спросила она...

这段引文由两个对话组成。原文中它们之间转变较为突然，改文中增加了时间限定语 на другой день（第二天）作为过渡，使话语由一个情节顺利地转换到另一个情节。

◈ 3）添加连词，自然衔接

连接词的作用是衔接句子或句子成分。话语中缺乏必要的连接词，句子间便失去黏着力。例如：

原文

> Анну Васильевну огорчило опоздание Савушкина, как досадная нескладица, омрачившая хорошо начатый день. На то, что Савушкин опаздывает, ей жаловалась учительница географии, маленькая, сухонькая старушка, похожая на ночную бабочку (Ю. Нагибин. Зимний дуб).

改文

> Анну Васильевну огорчило опоздание Савушкина, как досадная нескладица, омрачившая хорошо начатый день. На то, что Савушкин опаздывает, ей жаловалась <u>и</u> учительница географии, маленькая, сухонькая старушка, похожая на ночную бабочку.

改文只增加一个连接词 и（也），前后句子便衔接起来了。为什么？在解释这个例子之前，我们先对比两组句子：

> ① Антон опоздал на урок. Сергей опоздал.
>
> ② Антон опоздал на урок. И Сергей опоздал (или: опоздал и Сергей).

显而易见，组①中的两个句子是不连贯的，因为它们之间没有任何联系；而组②是连贯的，两个句子靠连接词 и 衔接起来，其意义相当于 тоже（也）。

同理，上例的两个句子间也存在着类似的关系：第一句说 Савушкин（萨乌什金）的迟到破坏了女教师的情绪，第二句是对

第一句的补充 —— 地理老师也抱怨该学生经常迟到。没有连接词 и，这个意义就表现得不充分，句子也不够连贯。

连接词的另一个作用，是作为自然段的起始，承上启下，衔接两个段落。例如：

原文

Костя давно уже завидует самой высокой горе, вершина которой вздымается над хребтом; эта гора так далеко видит!

Иногда стоит хорошая погода, ветер слабый и ровный, без порывов, барометр спокоен. ... Солнце, кажется, всему миру хочет показать, какие несметные богатства таятся внутри этих гряд. И в самом деле, сквозь серую пелену начинают проступать радужные краски перламутровых глыб. Безмолвие вокруг такое, словно нет и не может быть на свете ничего, что могло бы потревожить эту тишь.

Вдруг на высокой горе появляется дымок... Значит, через какой-нибудь час небо помрачнеет, станет темным, как гранит, жалобно взвизгнет на столбе флюгер под первым ударом ветра, дрогнет и пойдет вниз барометр (С. Залыгин. На Большую землю)

改文

...Безмолвие вокруг такое, словно нет и не может быть на свете ничего, что могло бы потревожить эту тишь.

И вдруг на высокой горе появляется дымок...

2. 删 减

◆ 1）删去离群句，保持向心性

一个语篇，由若干语段组成；而每一个语段，都有自己的意义中心。语段中各句围绕这个中心意思展开，这叫做语篇的向心性。

凡脱离意义中心的句子，都是离群的，会影响语篇的衔接，修改时应整个删去。例如：

原文

Мехколонны, как самоходный завод, давали сваренную, испытанную, уложенную в землю нить газопровода. Города, заводы, фабрики присасывались к магистрали отводами. И отпадала потребность в миллионах вагонов угля, дров. В сотнях тысяч кухонь вспыхивало сиреневое легкое пламя газа. Заводы, фабрики, предприятия переключали топки с угля на газ и уже не марали небо копотью, не засоряли дыхание людей угольным перегаром. Миллиарды рублей выгадывала промышленность страны на газовом топливе. Прибавилось не меньше миллиарда рублей в бюджете семей, избавленных от необходимости тратить деньги на дрова и уголь.

Тысячи кочегаров выбрасывали совковые лопаты; поворот газового крана – и в котлах, отапливаемых газом, устанавливалось давление нужного уровня.

Газ не только топливо, но и промышленное сырье. Трубоотводы уходили на стройки химических заводов, которые будут изготовлять из газа меха, ткани, искусственную кожу, кузова автомобилей, пластмассы заданных качеств, превосходящие металл (В. Кожевников. Водолазы).

改文

... Заводы, фабрики, предприятия переключали топки с угля на газ и уже не марали небо копотью, не засоряли дыхание людей угольным перегаром.

Газ не только топливо, но и промышленное сырье...

这段例文的前一部分，讲瓦斯已成为工厂、家庭等的主要燃料，后一部分补充说，瓦斯不仅可以用来燃烧，而且还是工业上的原料。这两部分都是谈瓦斯，本应意思紧凑，过渡自然。而原文中在这两部分中间还有一段插笔。谈烧瓦斯带来的经济效益和社会效益，这显然脱离了原来的话题，因此修改时作者将中间部分删去。

❖ 2）删重复词语，保持周密性

文章修改很重要的一个方面，就是看原文中是否有多余的意思重复或词语重复。如有，则应删去。例如：

原文

Кругом белым-бело, <u>деревья до самого малого, чуть приметного сучочка убраны снегом</u>. Лишь в вышине чернеют обдутые ветром макушки рослых плакучих берез, и тонкие веточки кажутся нарисованными тушью на синей глади неба (Ю. Нагибин. Зимний дуб).

改文

Кругом белым-бело. Лишь в вышине чернеют обдутые ветром макушки рослых плакучих берез, и тонкие веточки кажутся нарисованными тушью на синей глади неба.

原文中下划线部分与前面一句构成总分关系，实际上是意思的重复：кругом（周围）自然应该包括 деревья（树木）。改文不仅比原文准确简练，而且突出了转折意义，使前后句子衔接得更加紧凑。再如：

原文

А я долго стояла одна на пустой улице, ожидала, <u>что он снова вернется</u>. Но, конечно, он не вернулся (С. Антонов. Подруга).

改文

> А я долго стояла одна на пустой улице, ожидала. Но, конечно, он не вернулся.

原文中下划线部分的意思从上下文中已可以看出，因此修改时被删去。此外，从修辞的角度看，вернуться（回来）在相邻两句中重复出现也是不可取的。

3. 改 换

◆ 1）改换句子，集中表达

语篇构成有一条规律——单一性，即一件事、一个话题要集中表达，避免忽东、忽西，表达的时间也力求一致，不要时今时昔。文章修改同样遵循这一原则。例如：

原文

> Зашла и Лукерья Ивановна, председатель колхоза, ладная, стройная женщина со смелым взглядом умных, темнокарих, как крепкий чай, глаз. Ходила она в ватной теплушке, надетой по-мужски небрежно, с расстегнутым воротом и в кирзовых сапогах с железными подковками. Она умела водить машины, тракторы, класть печи, рубить в лапу углы и играть на гармошке. К концу войны ей было двадцать лет. Мужчин в то время в деревне не осталось, и Лушу выбрали председателем. С тех пор она десять лет вела колхозное хозяйство.
>
> <u>К Валаховой Луша ходить не любила и зашла для дела: поглядеть, что за новый работник приехал в деревню.</u>
>
> Сашу она помнила школьником, тогда он был тихий, застенчивый. А теперь задается, делает вид, что ему скучно, разговаривает через силу (С. Антонов. Тетя Луша).

改文

Зашла и Лукерья Ивановна, председатель колхоза, — посмотреть, что за новый работник приехал в деревню. Это была ладная, стройная женщина со смелым взглядом умных, темнокарих, как крепкий чай, глаз. Ходила она в ватной теплушке, надетой по-мужски небрежно, с расстегнутым воротом и в кирзовых сапогах с железными подковками. Она умела водить машины, тракторы, класть печи, рубить в лапу углы и принимать новорожденных, и все у нее получалось легко, весело.

К концу войны ей было двадцать лет. Мужчин в то время в деревне не осталось, и Лушу выбрали председателем. С тех пор она десять лет вела колхозное хозяйство.

Сашу она помнила пятнадцатилетним парнишкой – тогда он был тихий, застенчивый...

原文中，第一自然段开始就交代зашла Лукерья Ивановна（卢盖里亚·伊万诺芙娜来了），描写她的穿戴，接着把时间拉回到若干年前，写她的经历，第二自然段回到现实时间，写她今晚来此的目的，第三自然段是她对Саша（沙萨）的看法。这样写，内容上有些零乱，时间上出现了摇摆跳跃。因此，改文将两个зашла（来了）合为一个，从现实时间入手，先写她来的目的，然后回忆她的过去以及对Саша的印象。这样一来，行文就连贯通顺了。

❖ 2）改换连词，理顺关系

在大作家的笔下，每一个词语，即使最小的连接语，都是经过反复推敲的。下面我们就举两个修改连接词的例子：

原文

Пока Окунчиков говорил, ездовой со смешанным чувством симпатичности и жалости разглядывал агронома. Ей можно было дать лет шестнадцать-семнадцать. А вообще-то птичка-невеличка, она рядом с крупной Мариной казалась совсем крошечной (Ю. Нагибин. Слезай, приехали...).

改文

... Ей можно было дать лет шестнадцать-семнадцать. И вообще-то птичка-невеличка, она рядом с крупной Мариной казалась совсем крошечной.

从内容上看，二、三两句并无转折关系，而原文中却用了连接词 а（而），改作连接词 и（也）后，关系理顺了，话语才连贯起来。

再如：

原文

Непонятно. Ничего не понятно. Что это за человек Иван Николаевич?

Почему, например, на собраниях он недовольным голосом делает только одни критические замечания и не любит, когда другие не на собраниях, а так, в обыкновенных беседах, говорят о плохом? (В. Кожевников. Водолазы).

改文

...Почему, например, на собраниях он недовольным голосом делает только одни критические замечания, но не любит, когда другие не на собраниях, а так, в обыкновенных беседах, говорят о плохом?

这里的情况与上例恰好相反：第二自然段中明明表达了两个对

立的行为 —— 肯定的和否定的，而原文中却用了连接词 и 来衔接，改作 но 后，意思就通了。

从以上分析不难看出，文章修改与话语衔接有着一定的联系。语句、段落等的连贯与否，过渡自然与否是文章修改的一个重要凭据，而只有了解话语的构成规律，才能对此作出正确的判断和适当的调整安排。

第九章 语篇分析方法的比较

§1 语篇分析的原则与对象

用于语篇分析的理论很多。在众多理论中，韩礼德的系统功能语法占据绝对的主导地位。（黄国文 2001：29）然而，在语篇分析的实践中，许多现象韩礼德不能给出令人信服的解释，特别在涉及语篇创作意图和宏观结构等方面。有学者（杜金榜 2008：94）曾指出，系统功能语法的优点在于侧重于语篇内部语言成分、信息以及语言运用的分析，这种方法有利于语篇语言成分分析的具体深入。该理论对于语篇结构，尤其是语篇宏观结构的研究较少，除信息、衔接外，直接涉及语篇层次的内容不多。

在分析语篇时，系统功能语法遵循 3 个基本原则：（1）以功能为导向，即形式服务于功能；（2）多功能性，即可以从"概念功能""语篇功能""人际功能"3 个角度分析一个小句；（3）以意义为导向，即从语义、意义而不是句法角度考虑句法分析。（黄国文 2007：42~43）

与系统功能语法形成互补的是俄罗斯语篇理论，其代表人物加利别林概括了语篇的 8 个核心范畴，并将这些范畴运用于语篇分析中，具有很强的解释力。（安利 2010：19）俄罗斯语篇理论也有 3 个基本原则，其中之一与韩礼德的第三点相同，即承认语篇是意义单位而非句法单位，语篇分析首先应从语义出发。除此之外，加利别林认为语篇分析还要把握两个重要原则：

（1）整体性原则，即语篇分析的对象是全文，而非个别小句或个别段落。虽然操作过程中可以逐词逐段分析，但是在宏观上必须整体把握全篇，因为语篇在本质上是语义单位，只有整体审视才能正确解读语篇语义。

（2）语文性原则，主要针对文学语篇而言，即语篇分析是语言学的任务，但不排斥文学的角度，因为语篇本身是思想与语言、内容与形式的有机体。在这一点上，加利别林承继了俄罗斯悠久的语文学传统。历史上，俄罗斯产生了一批蜚声世界的语言学家，如结构主义符号学理论的代表人物洛特曼（Ю. М. Лотман）、对话理论的奠基者巴赫金（М. М. Бахтин）、作者形象的首创者维诺格拉多夫（В. В. Виноградов），他们的学术成就均建立在语言文学交叉的基础上，在最宽广的上下文中研究语言。（Ворожбитова 2005:36）俄罗斯高校语文专业有一门必修课，叫做"文学语篇的语言分析"，其特点是运用语言学理论分析文学语篇，或反过来讲，让文学作品不仅作为文学研究的客体，同时也成为语言学的考察对象（Гореликова 1983: 7; Новиков 1988; Лукин 1999; Болотнова 2007）。加利别林（1981）的语篇语言学奠基性著作《语篇作为语言学的研究对象》，正是表达了这层涵义。他认为语篇语言学的任务是分析语篇结构的特点，揭示语篇语法范畴及其相互关系，探索语篇分析的基本方法。

为了方便对比韩礼德与加利别林的分析方法，我们在语料选择上考虑如下因素：（1）分析的对象应相同；（2）应为完整的语篇，以免断章取义；（3）最佳语料为英文，以方便多数人理解。在符合上述条件的文本中，我们选取了黄国文（2001：93~94）分析过的一篇短文，全文如下：

MY HOME TOWN

My home town is a beautiful place. It stands beside a wide river at the foot of low green hills. It has many fine buildings and wide streets. There are trees and flowers everywhere.

But it has not always been like that. In the old days it was a sad, dirty little town. Landlords and merchants lived in the few good houses. For the working people there were only dark, unhealthy rooms in old buildings and huts on narrow muddy streets. Nearly everyone was poor and many had no work.

Everything has changed since liberation. The people, led by the Party, have got rid of the mud and dirt. They have put up schools, theatres, shops and flats. They have an assembly hall and a hospital. Along the river they have built offices, hotels and a big park. Factories with tall chimneys have sprung up. On the river steamers and boats come and go busily, day and night. They carry the products of our industries to all parts of the province.

I love my home town, and I love its people. They too have changed. Healthy and happy, they are going all out to build socialism.

§2 过程类型与信息类型

韩礼德把人们在现实世界中的所见所闻、所作所为分成若干种"过程"。(胡壮麟等 1989：71) 这些过程包括 6 种，即物质过程、心理过程、关系过程、言语过程、行为过程、存在过程。前面引用的语篇，黄国文（2001：94~95）把它分为 25 个过程，表现为 4 种类型，见下表：

过程 / 自然段	关系	存在	心理	物质	合计
①	is, stands, has	are			4
②	has been, was, was, had	were		lived	6
③	have			has changed, led, have got rid of, have put up, have built, have sprung up, come, go, carry	10
④			love, love	have changed, are going out, build	5
合计	8	2	2	13	25

　　按照系统功能语法的解释，第一自然段和第二自然段主要是描述过去和现在的状况，所以表示这种意义的过程类型与表示动态（变化）叙述意义的第三自然段有很大的差异。表述描述意义的第一、二自然段共由 10 个过程构成；除了 lived 一词以外，全部是表示"状态"意义的过程，而表示叙述意义的第三自然段中，10 个过程除一个（即 have）外，全部是物质过程。表示"情感"意义的两个心理过程出现在表示"评价"意义的第四自然段中。一般说来，表示描述意义的过程多数是关系过程、存在过程和心理过程，而表示叙述意义的则多数是物质过程。对这个语篇的及物性分析表明，全篇 25 个过程中有超过一半（13 个）是物质过程，这意味着这个语篇既有描述型语篇的特点，又有叙事型语篇的特点。

　　我们认为，韩礼德的过程类型分析，有助于了解言语生成的机制。但由于注意力过度集中在小句的类型划分上，忽视了全篇的语义，因而对于把握语篇整体信息作用不大。按照加利别林的理论，语篇最重要的属性是信息性，因此语篇分析首先要搞清楚讲了什么内容。确定语篇基本信息最简单、最直接的方法是找到关键词。词。一般来说，关键词是语篇中出现频率最高的词。在 MY HOME

TOWN（我的家乡）中,关键词是 home town（家乡）和 people（人民），分别出现 8 次和 9 次，分布如下：

标题及自然段	home town	people
标题	1	
①	4	
②	2	2
③		4
④	1	3
合计	8	9

　　关键词在语篇中不仅以原始形态出现,而且还有各种变体形式,如 home town 的代词照应 it（它）和 its（它）共 5 次,副词照应 everywhere（每个地方）1 次；people 的代词照应 they（他们）共 5 次,同义词 everyone（每个人）1 次。这样，home town 概念在全文使用 14 次，people 共 15 次。也就是说，这篇英文习作主要是围绕"家乡"和"人民"这两个概念展开的。

　　确定 home town 和 people 为关键词，仅表明我们了解了表述对象，究竟语篇讲了什么，还要看动词谓语，即韩礼德所说的过程。从语义看，动词分为两大类：表示行为或现象（状态）。需要说明的是，判断行为或状态的标准，不仅看动词本身的语义，还要看它们的体（aspect）、时（tense）意义,即是否起到推动情节发展的作用。（史铁强 2000：47）我们根据帕皮娜（Папина 2002:134）的分类，把动词分为"事件谓词"（событийные предикаты）和"过程谓词"（процессные предикаты），把该语篇中凡带完成和结果意义的动词时、体形式，皆视作事件谓词；另一方面，把 come（来）、go（去）、carry（运送）等在语篇中表示常态动作的动词，都纳入过程谓词范畴。两类动词在 MY HOME TOWN（我的家乡）的分布如下：

段落	事件谓词	过程谓词
①		is, stands, has, are
②		has been, was, lived, were, was
③	has changed, have god rid of, have put up, have built, have sprung up	have, come, go, carry
④	have changed	love, love, are going out
合计	6	16

数字显示，MY HOME TOWN 中过程谓词占 73%，表明它是以描写和议论为主、叙事为辅的语篇。就是说，该语篇的主要内容不是讲某人某物做了什么或发生了什么，而是描写某人某物是什么样的。这个结论与系统功能语法的分析略有不同。

既然描写和议论偏重型语篇，它就一定着力于修饰和说明被描述对象，其中形容词和副词的作用不可小视。在 MY HOME TOWN 中，它们成为表达信息的重要手段。根据评价色彩，我们把形容词和副词分为如下两类：

自然段	褒义词	贬义词
①	beautiful, green, fine, wide	
②	good	old, sad, dirty, little, dark, unhealthy, old, narrow, muddy, poor
③	big, tall, busily	mud, dirt
④	healthy, happy	
合计	10	12

第一自然段共 4 个形容词，全部为褒义词，讲家乡的美；第二自然段用 10 个贬义词讲解放前家乡的穷，这个段落里唯一的褒义词 good（好）是说地主老财的房子好；第三自然段褒贬词参半，对比家乡的新旧变化；第四自然段用两个褒义词赞颂人民。

这样，通过关键词及其展开成分的分析，可以勾画出这篇短文的主要内容，并由此得到语篇的基本信息。如果说一般读者到此就完成了阅读的任务，那么语篇分析者的任务还远没有完成。加利别林认为，语篇除了具有内容事实信息之外，还要表达思想理念信息和联想附加信息。他认为，内容事实信息是浮在文字表面的信息，这个信息一般读者都可以得到。然而语篇作者在讲述内容信息的背后暗含着更深层次的信息，即思想理念信息。这是作者创作的动机和意图。换句话说，通过内容事实信息所讲述的事件、过程或现象，折射出作者对社会、人生、人际关系等问题的思考。（安利 2006：69~70）如果说内容事实信息用语言直接表达出来，那么思想理念信息更多的是隐藏在内容的后面，需要读者自己去解读。由于读者的文化水平、阅历、理解能力、分析能力的不同，对思想理念信息的领悟程度有很大的差异：有人能够完全领会作品思想，有人则根本捕捉不到这个信息。即使善于分析的人，得出的结论也可能不同，但总体上思想理念信息是建立在内容事实信息基础上的，不会有太多的偏差。比如读完 MY HOME TOWN 后，读者通常会得出这样的结论：通过家乡的巨变，反映了社会主义制度的优越性。这个结论作品里没有直接给出，而是读者经过思考后自己抽象出来的，这就是文章的思想理念信息。至于联想附加信息，指由语篇表面信息引申出来的补充信息，加利别林（Гальперин 2007:45）把它分为两类：一类是情节的，与该语篇前面所讲的事物有关；另一类是联想的，与读者个人的联想能力有关，比如 MY HOME TOWN 可以引起不同读者的不同联想：自己的家乡、看过的电影、读过的小说、一幅名画，等等。

§3 语篇的主观情态性

加利别林认为，语篇不仅要说事，还要表达情感，即作者对所述事物的态度和看法。加利别林所说的情态性，不是讨论命题的真值评价问题，而是语篇作者如何在看似客观的陈述背后表达自己的主观态度和立场，如何把自己的情感和意志作用给读者或听众，怎样调动语篇接受者与自己在情感上产生共鸣的问题（史铁强，安利 2009：34）。沈家煊（2001：268）也曾指出，语言不仅仅客观地表达命题式的思想，还要表达言语的主体即说话人的观点、感情和态度。

加利别林（Гальперин 2007:115）承认，情态性并非存在于每个语篇，它只是部分语篇的属性，确切地说是文学语篇的范畴，即每个文学作品都有情态性。有些体裁，如科学和公文事务语体的体裁的语篇，其情态性为零，因为这些语体客观、逻辑、理据的性质与主观评价情态相抵触。

主观情态的表达手段首先是语调，用平静的语调说话，这是客观的表述，没有主观评价色彩。如果惊呼，言语就获得了主观情态意义，除了陈述事实以外，还表达说话人对事件的态度。

在词汇层面，可以用感叹词表达情感，如"哇""哎呀"等；也可以用主观评价性词汇，如 MY HOME TOWN 用 beautiful（美丽）、green（绿色）、fine（好）、wide（宽广）、healthy（健康）、happy（快乐）、sad（忧伤）、dirty（脏）、dark（暗）、unhealthy（简陋的）、poor（贫穷）等大量褒义和贬义词修饰家乡和人民，表达作者对所描述现象以及两种社会制度的态度。

在修辞层面，语篇可以凭借空间优势，使用一些特殊的句式或修辞手法，如语义独立片段（安利 2009：21~25）、回眸和前瞻（史铁强，安利 2008：45~49）等。在 MY HOME TOWN 中，大量运用了对照（contrast）手法：第一自然段"家乡美"与第二自然段"家乡丑"对照，第二自然段"家乡穷"与第三自然段"家乡富"对照，就连第二自然段内部也形成了"地主商人"与"劳动人民"、"好房子"与"简陋屋子"、"很少"与"许多"这样一些对立对。

通过一系列词汇和句法手段，作者抒发了他的情感，并把这种感情传递到读者身上，这就是语篇的主观情态性。顺便指出，思想理念信息与语篇情态性颇为相近，二者都是用隐含的方式表达作者的思想，故有些俄罗斯学者把思想理念信息和主观情态性统称为"作者意图"。（Шевченко 2003:27）但加利别林把它们看作语篇的两个不同属性：思想理念信息是通过具体的事物表达作者的世界观，即他对人生和社会的认识，而情态性表达作者对具体人或事的情感。我国语文教学中总结的中心思想，相当于加利别林所说的思想理念信息，而"表达了作者对……的……态度"则近似于主观情态性。

§4　语篇的时间与空间

加利别林（Гальперин 2007:87）把时间和空间看作语篇的重要属性。语篇与小句的本质区别在于：小句是逻辑判断，是静止的，语篇才是思想的展开，是运动着和发展变化着的一系列事件。如果把语篇比作一部电影，小句只是其中的一个镜头，是一个凝固的瞬间。

韩礼德（Halliday 2000:151）也关注时间和空间问题，但仅把它纳入及物性的环境成分。除时间和空间以外，环境意义还包括方式、程度、比较、伴随、因果、身份等。在 MY HOME TOWN 中，黄国文（2001:95~96）分解出如下环境成分：

意义例子	
方位	at the foot of low green hills, everywhere, in the old days, in the few good houses, since liberation, along the river, on the river, day and night, to all parts of the province
伴随	led by the Party, healthy and happy
范畴	for the working people
方式	busily

我们认为，这种分析仍然建立在小句的基础上，它仅仅指出各句中存在的表示环境因素的词语，并未触及这些环境因素对于语篇展开所起的作用。就时间本身来讲，系统功能语法认为，时间最常见的表现形式是副词词组和介词短语，有时候也能用动词来表示。（胡壮麟等 1989：83）我们则认为两种类型的时间表示法同等重要，个别情形下动词的时、体形式甚至胜过时间副词或介词短语，因为正是"体、时形式的发展保证了语篇的连贯和表述的逻辑性"（Тураева 1986:89）。

以 MY HOME TOWN 为例，时间指示语只有 3 个，即 in the old days（在过去的日子里）、since liberation（解放后）、day and night（日夜），它们分别出现在第二和第三自然段。那么，没有这种词语的第一、四自然段如何表示时间呢？实际上，该语篇的时间主要通过动词的时、体形式表现。各类形式分布如下：

段落	一般现在时	一般过去时	现在完成时	现在进行时
①	4			
②		4	1	
③	4		5	
④	2		1	1
合计	10	4	7	1

第一自然段用 4 个一般现在时，交代家乡的地理位置和现状；第二自然段用 4 个一般过去时，表示过去曾有而现在不存在的事物或现象；第三自然段有 5 个现在完成时和 4 个一般现在时，分别表示行为结果意义和经常性行为；第四自然段主要用一般现在时和现在进行时表示目前的状况。这样，动词时、体结构构成了整个语篇的时间框架：现在（一般现在时）→转折过渡（现在完成时）→历史（一般过去时）→历史上的变化延续至今（现在完成时）→现在（一般现在时和现在进行时）。于是，完成了从"现在"开始并以"现在"结束的周期，从叙事结构来看，正叙结构中运用了倒叙的写法。

下面我们看一下这个语篇的空间结构。第一自然段引出话题"我的家乡"时，用 beside a wide river at the foot of low green hills（绿色山丘脚下一条宽阔的河边），这是一个从远处和高处鸟瞰的角度，接下来镜头不断拉近，临近小城的上空可以看到 many fine buildings and wide streets（许多漂亮的建筑物和宽阔的街道），再接下来的画面 There are trees and flowers everywhere.（处处绿树和繁花），只有观察者进到城里才会看到。这是一个动态的空间图景。

第二自然段时间拉回到解放前，空间再从鸟瞰全城开始：it was a sad, dirty little town.（这是一座肮脏的小城，令人感到不快）；接下来镜头分别摇向富人区和贫民窟：the few good houses, dark, unhealthy rooms in old buildings and huts on narrow muddy streets（很少的几座好房子，旧楼里简陋的黑屋子和狭窄泥泞街道边的茅屋）。

第三自然段画面遍布整个城市，描绘欣欣向荣的建设景象，到处都建起 schools（学校）、theatres（剧院）、shops and flats（商店和公寓）、an assembly hall and a hospital（礼堂和医院）、offices（办公楼）、hotels and a big park（宾馆和一家大公园）、factories with tall chimneys（烟囱高耸的工厂）、但重点停留在 along the river（沿河）和 on the river（河上），从河沿岸的变化和河运的繁忙衬托城市的繁荣。

第四自然段用扫描式画面结束语篇。整个语篇的空间从全景式开始到全景式结束，中间是细节描写，构成一幅完整的图景。

§5 语篇的结构布局

语篇是一个整体，同时又由各个部分组成。当作者确定了语篇的主题并选好了材料以后，接下来的任务就是布局谋篇，即怎样开头，如何收尾，中间怎样展开和过渡，也就是中国文章章法中讨论的"起承转合"问题。俄罗斯语篇理论也注意到这个属性，加利别林就此提出了语篇"完整性""连贯性""可切分性"的概念。所谓"完整性"，指语篇必须是完结的，即有头有尾，有标题。只有完整的语篇才能体现作者的创作意图。有的小说戛然而止，看似没完，实际上这正是作者的意图所在：作者只是提出问题，答案需读者自己给出。关于"连贯性"，加利别林（Гальперин 2007:74）用它指保障事件、事实和行为之间的逻辑联系以及相互关系的连接形式，即小句之间或段落、章节之间的逻辑与形式联系。对此，韩礼德在《英语中的衔接》一书中有详尽的论述，与加利别林的分析方法近似，只是个别术语使用略有不同，本节不赘述。至于"可切分性"，指语篇可以切分成大小不一的结构单位。小的语篇，比如简明新闻，可能只由一句话或一个段落组成，自然谈不上切分问题。但一般的语篇，通常由很多自然段或章节组成，有的长篇巨著还分为卷、部等。加利别林（Гальперин 2007:52）按照语篇大小依次切分为卷（部）、章、节、段落、超句统一体。

语篇切分的目的，一是反映作者的思路（郑文贞 1984：1），即根据对客观事物内在联系和规律的认识，按照主题的需要和体裁的要求，把选好的材料分为几个部分，加以组织和安排，使之条理化，脉络清晰，合乎逻辑。因此，语篇的结构是作者为了表现主题而进行的材料安排，是语篇的组织形式，反映了语篇中部分和整体之间的联系以及各个部分之间的相互联系。切分的第二个目的，是考虑读者的接受方便。作者在确定自然段长度时，要考虑一般人集中注意力的持续时间，在连续讲述过程中，不时要换行另起段落，或由作者话语变换为人物言语，就像人们体育锻炼时不断变换姿势一样。

这里有必要重温"超句统一体"概念，这是俄罗斯学者采用的术语。它用来指一组语义和句法上相关联的小句，介于句群和段落之间，经常与自然段吻合。（Солганик 1973:97-98）每个超句统一体都有自己的小主题，因此超句统一体常被界定为"能够归纳出小主题的最小语篇单位"（Валгина 2003: 30），小主题的变换就是超句统一体界限划分的依据。小主题可以从作品中直接提取或稍加改造，但大多需读者自己抽象概括出来。一般情况下，小主题位于超句统一体之首，个别时候也可占据其他位置。有俄罗斯学者认为，语篇的下限是至少有两个超句统一体，否则不称其为语篇。（Вейхман 2005:26）

MY HOME TOWN 由 4 个自然段组成，每自然段构成一个独立的超句统一体。第一个超句统一体的小主题是起句 My home town is a beautiful place.（我的家乡是一个美丽的地方），紧随其后的 3 句是它的展开。第二个超句统一体的小主题为 Dirty little town in the old days（过去肮脏的小镇），它在第二自然段中的第二句话，因第一句话起着转折过渡的作用，第三、四、五句分别展开这一段的小主题。第三自然段的小主题 The changes since liberation（解放后的变化），从第三段的首句可看出，后面各句展开这个话题。第四自然段的小主题 I love my home town（我爱我的家乡），也是在段首句，其后的小句展题。这样，4 个超句统一体的小主题合在一起，构成了语篇的大主题。从整个语篇的结构来看，第一自然段是全篇的起段，引出话题，第二、三自然段为展开，第四自然段为合题，全篇的结构对应于"起承转合"的布局结构。

加利别林在俄罗斯语文学传统基础上，系统地揭示了语篇的本体属性，形成了独具特色的俄罗斯语篇理论体系。他提出的全文思想、语义思想、语文学思想，为语篇研究提供了新的思路和研究角度。语篇研究的目的是揭示语言本质及其功能，这是该学科的理论作用。与此同时，语篇分析具有很强的实践性，全面的、以理论为指导的语篇分析为写作和阅读提供了实际操作的样板，有助于提高文学鉴赏和语篇生成的自觉性。

参考文献

[1]　安利. 语篇的信息类型 [J]. 外语学刊，2006(1).

[2]　安利. 论语篇的独立语义片段 [J]. 中国俄语教学，2009(2).

[3]　安利. 语篇语言学的几个理论问题 [J]. 中国俄语教学，2010(1).

[4]　白春仁. 文学修辞学 [M]. 长春：吉林教育出版社，1993.

[5]　布斯曼. 语言学词典 [Z]. 陈慧瑛等编译，北京：商务印书馆，2003.

[6]　陈明芳. 插入语的语义介入 [J]. 外语学刊，2006(3).

[7]　陈平. 汉语零形回指的话语分析 [J]. 中国语文，1987(5).

[8]　陈平. 现代语言学研究：理论方法与事实 [M]. 重庆：重庆出版社，1991.

[9]　陈勇. 篇章内容的层次结构与人的世界 [J]. 外语学刊，2006(3).

[10]　辞海编辑委员会. 辞海 [Z]. （1979 年版）上海：上海辞书出版社，1980.

[11]　戴维·克里斯特尔. 现代语言学词典 [Z]. （第四版）沈家煊译，北京：商务印书馆，2000.

[12]　杜金榜. 试论语篇分析的理论与方法 [J]. 外语学刊，2008(1).

[13]　胡壮麟. 语篇的衔接与连贯 [M]. 上海：上海外语教育出版社，1994.

[14]　胡壮麟，朱永生，张德禄. 系统功能语法概论 [M]. 长沙：湖南教育出版社，1989.

[15]　黄国文. 语篇分析概要 [M]. 长沙：湖南教育出版社，1988.

[16]　黄国文. 语篇分析的理论与实践：广告语篇研究 [M]. 上海：上海外语教育出版社，2001.

[17]　黄国文. 系统功能句法分析的目的和原则 [J]. 外语学刊，2007(3).

[18]　黄国文，徐珺. 语篇分析与话语分析 [J]. 外语与外语教学，2006(10).

[19]　廖秋忠. 现代汉语篇章中指同的表达 [J]. 中国语文，1986(2).

[20]　李行健. 现代汉语规范词典 [Z]. 北京：外语教学与研究出版社，语文出

版社，2004.

[21] 刘坚，卫志强，詹志芳，徐赳赳. 廖秋忠文集 [M]. 北京：北京语言学院
出版社，1992.

[22] 马修斯. 牛津语言学词典 [Z]. 上海：上海外语教育出版社，2000.

[23] 麦克米伦出版公司. 麦克米伦高阶英汉双解词典 [Z]. 杨信彰等译，北京：
外语教学与研究出版社，2005.

[24] 沈家煊. 语言的主观性与主观化 [J]. 外语教学与研究，2001(4).

[25] 史铁强. 动词时体范畴的谋篇作用 [J]. 外语学刊，2000(4).

[26] 史铁强，安利. 语篇的回眸与前瞻 [J]. 四川外语学院学报，2008(4).

[27] 史铁强，安利. 论语篇的主观情态性 [J]. 解放军外国语学院学报，
2009(1).

[28] 孙移山. 文章学 [M]. 北京：档案出版社，1986.

[29] 唐松波. 俄语修辞与作文常识 [M]. 北京：北京出版社，1988.

[30] 王灿龙. 人称代词"他"的照应功能研究 [J]. 中国语文，2000(3).

[31] 王德春. 修辞学词典 [Z]. 杭州：浙江教育出版社，1987.

[32] 王福祥. 汉语话语语言学初探 [M]. 北京：商务印书馆，1989.

[33] 王福祥. 话语语言学概论 [M]. 北京：外语教学与研究出版社，1994.

[34] 王凯符，刘占先，李丽中，吴庚振，李振起，徐江，贾振华，韩峰海.
古代文章学概论 [M]. 武汉：武汉大学出版社，1983.

[35] 韦迈尔. 牛津中阶英汉双解词典 [Z]. 北京：商务印书馆，2001.

[36] 魏在江. 隐语的主观性与主观化 [J]. 解放军外国语学院学报，2007(3).

[37] 吴为章，田小琳. 汉语句群 [M]. 北京：商务印书馆，2000.

[38] 吴贻翼，雷秀英，王辛夷，李玮. 现代俄语语篇语法学 [M]. 北京：商务
印书馆，2003.

[39] 徐赳赳. 话语分析二十年 [J]. 外语教学与研究，1995(1).

[40] 徐赳赳. 现代汉语篇章回指研究 [M]. 北京：中国社会科学出版社，2003.

[41] 许余龙. 对比语言学概论 [M]. 上海：上海外语教育出版社，1992.

[42] 张良田. 语篇交际原理与语文教学 [M]. 长沙：湖南师范大学出版社，
2003.

[43] 张寿康. 文章学概论 [M]. 济南：山东教育出版社，1983.

[44] 张寿康. 文章修饰论 [M]. 北京：商务印书馆，1994.

[45] 张文浩，王黎云. 英语中的首语重复 [J]. 外国语，1987(4).

[46] 张志公.修辞概要（读写一助）[M].上海：上海教育出版社，1982.

[47] 赵秀凤.过去完成时在意识流语篇中的空间构建功能 [J].解放军外国语学院学报，2006(1).

[48] 郑文贞.段落的组织 [M].福州：福建人民出版社，1984.

[49] 朱永生，郑立信，苗兴伟.英汉语篇衔接手段对比研究 [M].上海：上海外语教育出版社，2001.

[50] Beaugrande, R. De & Dressler, W. U. Introduction to Text Linguistics [M]. London: Longman，1981.

[51] Haiman, J. & Thompson S. Clause Combining in Grammar and Discourse [M]. Amsterdam: John Benjamins，1988.

[52] Halliday, M. A. K. An Introduction to Functional Grammar [M]. London: Edward Arnold，1985.

[53] Halliday, M. A. An Introduction to Functional Grammar [M]. Beijing: Foreign language Teaching and Research Press, 2000.

[54] Halliday, M. A. K.& Ruqaiya Hasan. Cohesion in English [M]. Beijing: Foreign language Teaching and Research Press, 2001.

[55] Halliday, M. A. K. & Ruqaiya Hasan. Cohesion in English [M]. Beijing: Foreign language Teaching and Research Press, 2001.

[56] Harris, Z. S. Discourse Analysis: A sample text [J]. Language, 1952. № 4.

[57] Ronald Carter, Angela Goddard, Danuta Reah, Keith Sanger, Maggie Bowring. Working with Texts: A core book for language analysis [M]. London and New York: Routledge, 1997.

[58] Van Dijk, T. A.(ed.) Handbook of Discourse Analysis [Z]. London: Academic Press, 1985.

[59] Dressler, W. Einführung in die Textlinguistik [M]. Tübingen: Niemeyer, 1973.

[60] Harweg, R. Textlinguistik:Perspktiven der Linguistik [M].Stuttgart: Kroner, 1973.

[61] Kallmeyer, W. Lektürekolleg zur Textlinguistik [M]. Frankfurt: Fischer-Athenaeum, 1974.

[62] Schmidt, S. J. Texttheorie [M].Munich: Fink, 1973.

[63] Анисимова Е. Е. Лингвистика текста и межкультурная коммуникация

(на материале креолизованных текстов): Учеб. пособие для студ. фак. иностр. яз. вузов [Z]. М.: Издательский центр «Академия», 2003.

[64] Апресян Ю. Д. Типы коммуникативной информации для толкового словаря [G]. // В сб. Язык: система и функционирование. М.: Наука, 1988.

[65] Арутюнова Н. Д. Субъект[Z]. // В сб. Лингвистический энциклопедический словарь. / Гл. Ред. В. Н. Ярцева. 2-е изд., М.: Большая Российская энциклопедия, 2002.

[66] Бабенко Л. Г., Казарин Ю. А. Филологический анализ текста. Практикум [M]. М.: Академический проект; Екатеринбург: Деловая книга, 2003.

[67] Болотнова Н. С. Филологический анализ текста: учеб. пособие [Z]. 3-е изд. М.: Флинта, Наука, 2007.

[68] Булаховский Л. А. Курс русского литературного языка [Z]. Киев: Висша школа, 1952.

[69] Валгина Н. С. Теория текста [M]. М.: Логос, 2003.

[70] Вейхман Г. А. Грамматика текста [M]. М.: Высшая школа, 2005.

[71] Ворожбитова А. А. Теория текста: Антропоцентрическое направление: Учеб. пособие [Z]. Изд. 2-е. М.: Высшая школа, 2005.

[72] Галкин С. А. Структуры экономического дискурса во французском языке. Роль коннекторов в построении аргументации [M]. Нижний Новгород: 2003.

[73] Гальперин И. Р. Текст как объект лингвистического исследования [M]. Изд. 1-е, 1981; Изд. 5-е, стереотипное. М.: Ком-Книга, 2007.

[74] Гореликова М. И., Магомедова Д. М. Лингвистический анализ художественного текста [M]. М.: Русский язык, 1983.

[75] Городникова М. Д. и др. Лингвистика текста и обучение ознакомительному чтению в средней школе: Пособие для учителя [Z]. М.: Просвещение, 1987.

[76] Горшков А. И. Русская словесность: От слова к словесности. 10–11 классов: Учеб. для общеобразовательных учреждений [Z]. 5-е изд., стереотип. М.: Дрофа, 2001.

[77] Горшков А. И. Русская стилистика. Стилистика текста и функциональная стилистика [M]. М.: Аст: Астрель, 2006.

[78] Дресслер В. Синтаксис текста. Перевод с немецкого О. Г. Ревзиной и Т. Я. Андрющенко [G]. // В сб. Новое в зарубежной лингвистике, выпуск Ⅷ. Лингвистика текста. М.: Прогресс, 1978.

[79] Дымарский М. Я. Проблемы текстообразования и художественный текст. На материале русской прозы IX–XX вв. [G]. Изд. 3-е. М.: КомКнига, 2006.

[80] Золотова Г. А. и др. Русский язык: От системы к тексту. 10 кл.: Учеб. пособие для факультативных занятий в общеобразовательных учреждениях гуманитарного профиля [Z]. М.: Дрофа, 2002.

[81] Ковтунова И. И. Современный русский язык: Порядок слов и актуальное членение предложения [M]. М.: 1976.

[82] Котюрова М. П. Информативность текста [Z]. // В сб. Стилистический энциклопедический словарь русского языка / Под ред. М. Н. Кожиной. М.: Флинта: Наука, 2003.

[83] Крылова О. А., Хавронина С. Порядок слов в русском языке [M]. М.: Русский язык, 1976.

[84] Крылова О. А. Коммуникативный синтаксис русского языка [M]. Изд. 2-е. М.: Книжный дом «ЛИБРОКОМ», 2009.

[85] Лосева Л. М. Как строится текст: Пособие для учителей Под ред. Г.Я. Солганика [M]. М.: Просвещение, 1980.

[86] Лукин В. А. Художественный текст: Основы лингвистической теории и элементы анализа: Учеб. для филол. спец. вузов [Z]. М.: Издательство «Ось-89», 1999.

[87] Лукин В. А. Художественный текст: Основы лингвистической теории. Аналитический минимум [M]. 2-е изд. М.: «Ось-89», 2009.

[88] Любичева Е. В., Ольховик Н. Г. От текста к смыслу и от смысла к тексту (Текстовая деятельность учащихся). Учебное пособие [Z]. СПб.: САГА, Азбука-классика, 2005.

[89] Матвеева Т. В. Функциональные стили в аспекте текстовых категорий: Синхронно-сопоставительный очерк [M]. Свердловск: Изд-во Урал. ун-та, 1990.

[90] Матвеева Т. В. Тональность [Z]. // В сб. Стилистический энциклопедический

словарь русского языка / Под ред. М. Н. Кожиной. М.: Флинта: Наука, 2003.

[91] Матезиус В. О так называемом актуальном членении предложении, перевод с чешского языка [G]. // В сб. Пражский лингвистический кружок, М.: Прогресс, 1967.

[92] Москальская О. И. Текст как лингвистическое понятие (обзорная статья) [J]. Иностранные языки в школе. 1978, № 3.

[93] Москальская О. И. Грамматика текста [M]. М.: Высшая школа, 1981.

[94] Николаева Т. М. Лингвистика текста. Современное состояние и перспективы [G]. // В сб. Новое в зарубежной лингвистике, вып. VIII. Лингвистика текста. М.: Прогресс, 1978.

[95] Николаева Т. М. Лингвистика текста [Z]. // В сб. Лингвистический энциклопедический словарь. / Гл. Ред. В. Н. Ярцева. 1-е изд. 1990; 2-е изд. М.: Большая Российская энциклопедия, 2002.

[96] Новиков Л.А. Художественный текст и его анализ [M]. М.: Русский язык, 1988.

[97] Папина А. Ф. Текст: его единицы и глобальные категории: Учебник для студентов-журналистов и филологов [Z]. М.: Едиториал УРСС, 2002.

[98] Пешковский А. М. Русский синтаксис в научном освещении [M]. (Изд. 1-е, 1914) Изд. 6-е. М.: Учпедгиз, 1938.

[99] Поспелов Н. С. Сложное синтаксическое целое и основные особенности его структуры [G]. // Доклады и сообщения Ин–та русского языка АН СССР. Вып. 2. М.: 1948a.

[100] Поспелов Н. С. Проблема сложного синтаксического целого в современном русском языке [G]. // Ученые записки МГУ, Труды кафедры русского языка, кн. 2, БЫП. 137, 1948b.

[101] Пропп В. Морфология сказки [C]. // Гос. ин-т истории искусств. Л.: Academia, 1928.

[102] Розенталь Д. Э. и Теленкова М. А. Словарь-справочник лингвистических терминов. Пособие для учителей [Z]. Изд. 2-е. М.: Просвещение, 1976.

[103] Розенталь Д. Э. Русский язык. Для школьников старших классов и